文学的目光掠过新闻的湖面

王国平　著

海峡出版发行集团
海峡文艺出版社

图书在版编目(CIP)数据

文学的目光掠过新闻的湖面/王国平著. —福州:海峡文艺出版社,2022.12
ISBN 978-7-5550-3097-3

Ⅰ.①文…　Ⅱ.①王…　Ⅲ.①报告文学—作品集—中国—当代　Ⅳ.①I25

中国版本图书馆 CIP 数据核字(2022)第 166838 号

文学的目光掠过新闻的湖面

王国平　著

出 版 人	林　滨
责任编辑	刘含章
出版发行	海峡文艺出版社
经　　销	福建新华发行(集团)有限责任公司
社　　址	福州市东水路 76 号 14 层
发 行 部	0591—87536797
印　　刷	福建东南彩色印刷有限公司　　**邮编**　350008
厂　　址	福州市金山浦上工业区冠浦路 144 号
开　　本	890 毫米×1240 毫米　1/32
字　　数	190 千字
印　　张	8.25
版　　次	2022 年 12 月第 1 版
印　　次	2022 年 12 月第 1 次印刷
书　　号	ISBN 978-7-5550-3097-3
定　　价	60.00 元

如发现印装质量问题,请寄承印厂调换

写在前面的话

作为一名新闻工作者，经常参与重大主题报道。踏着新闻前辈的足迹，我也想在主题报道中融入一点文学的味道，试图在吃透要求的基础上，寻找适宜的结构，捕捉灵动的意象，挖掘鲜活又恰切的细节，让人物清爽爽地站立在纸面之上。这个集子，算是阶段性的所得。

收入其中的文章，有的获得过中国新闻奖、徐迟报告文学奖、全国报纸副刊年度精品一等奖，出版过单行本；有的由新华社全文转载播发通稿，多家省级党报刊登；有的由《新华文摘》《大公报》（香港）等转载；有的入选过年度报告文学选本。在此对各方的提携与鼓励深表谢意。

文字大体保持发表时的原貌，局部有修订和完善。有几篇文章见报时与同事一起署名，感谢他们的用心付出。

我深知这些只是不成熟的果子，有的还很涩。汪曾祺小说《鉴赏家》中卖果子的叶三，卖的果子都是原装的，有些是直接到产地采办来的，还都是“树熟”，不是在米糠里闷熟的。希望今后我也能摘到真正“树熟”的果子。

感谢海峡文艺出版社的接纳与厚意。

王国平

2022年5月8日晚上 望星屋

目 录

第二辑　一个人的光芒

第三辑　一方水土的神采

| 第一辑 |

一群人的风华

塞罕坝：好一个大“林子”

塞罕坝人喜欢说“林子”。

指着一片小树林，他们会说，“这个‘林子’长的都是云杉”，或者说，“那个‘林子’，是我看着长起来的”。

他们心目中的“林子”富有弹性，可远可近，可大可小。

整个林场，林地面积112万亩，在塞罕坝人说来，也是个“林子”。比如，他们说，“我们这个‘林子’很特别，七月份油菜花开得正好”。

有意思的是，不少塞罕坝人也被人亲切地喊着“林子”。

司铁林、李振林、于瑞林、张林、刘庆林、谷庆林、孟庆林、王树林、杨国林、姜清林、李清林、张清林、李占林、孙占林、孙建林、张建林、张玉林、窦宝林、李大林、李凤林、刘凤林、陆爱林、穆秀林、鹿德林、吴德林、邵和林、孙有林、闫晓林、张晓林……

这些塞罕坝人，有的名字里边原本就带有“林”字，来到塞罕坝，成了务林人，延续着与树木、森林的缘分。有的属于“林二代”，父辈不约而同地“就地取材”，给他们的名字镶上这个“林子”的印记。

同一片“林子”，同一汪绿色，同一个家园。人与树的关系图谱，人类与环境关系的演变轨迹，中国人环境意识与生态理念的升华历程，在塞罕坝这片“林子”里，彰显得动人而清晰。

一

一个见证历史变迁的"林子"，喟叹着王朝的落寞又奏响民族的强音

北京人，东北望，是坝上。

"塞罕坝"，蒙古语和汉语的组合，意为"美丽的高岭"。曾经这里是清代木兰围场的中心地带，主要用于"肄武、绥藩、狩猎"，清廷鼎盛时期，几乎每年秋季都要举行声势浩大的仪式，并列入国家典制，即"木兰秋狝"。

那时"美丽的高岭"究竟有多美?

《围场厅志》记载，当年这一带，"落叶松万株成林，望之如一线，游骑蚁行，寸人豆马，不足拟之"。

好一个"寸人豆马"，就像现代人在高空飞行时透过舷窗俯瞰大地，饱览天地间的辽阔。

康熙则站在地面上，对这方水土多有歌咏，"……鹿鸣秋草盛，人喜菊花香。日暮帷宫近，风高暑气藏"。

现在，塞罕坝留有亮兵台。一块巨石凌空凸起，形如卧虎。相传乌兰布通之战大获全胜之际，康熙登临此地，检阅凯旋的清军将士。无法想象，那时的康熙，内心起着怎样的波澜。

他还有一首《塞外偶述》："水绕周庐曲，原高众幕围。"

乾隆续写着《出塞杂咏》："最爱枫林新似染，折来题句手亲书。"

嘉庆则跟风般来一首《塞山行》："秋风猎猎吹山云，奇峰倏起林木分。明霞五色互炫耀，欲写岚黛难成文。"

明明知道"难成文"，还要硬着头皮上，都是因为眼前的景

让人心潮难平。

帝王热衷于借笔抒怀，其他人等也没有闲着。

黄钺的《木兰纪事》见出清雅："香草丰茸三尺羸，据鞍似踏绿波行。怪它马耳双尖没，尽作春江风雨声。"

陆元烺的《塞上夜坐》一片天籁，"松声入夜常疑雨，虫语鸣秋惯近人"。

赵翼是个实诚人，没有那么多的辞藻与讲究，一句"木兰草最肥，饲马不用豆"，径直把当年木兰围场的风情端了出来。

惜乎时光如刀，将延续着的荣光强行剪断。1824 年，即道光四年，木兰秋狝这一"万世当遵守"的家法，被断然废止。风雨飘摇的清王朝，已经顾不上什么"鹿鸣"与"菊花"，什么"香草"与"松声"，反而虎视眈眈，把这里视为一块肥肉。

同治年间，就有声音要"就近招佃展垦，尚足以济兵饷不足"。光绪年间，还在惦记着"热河围场地亩，可否令京旗人丁迁往耕种"，后来直接说了，"开垦围场各地藉筹军饷，实为寓兵于民之善策"。

热河都统崇绮心在泣血，斗胆上奏："树木一空，牲畜四散……林木将何日而蕃昌？牲畜更何时而萃止？空空围座，何所用之？"

大势已去，再可贵的声音也如草芥。

成群成群的参天大树颤抖着，被连根拔起，运走了。

如茵的绿草被蛮横地腰斩，"春风吹不生"，远走了。

山火燃起，呼哧呼哧，噼里啪啦，空留一缕青烟，飘走了。

土匪来了，一通彻头彻尾的残暴，逃走了。

绿色大厦轰然坍塌，风沙来了，住下了，不走了。

时光一寸一寸地长，风沙一口一口地吞。风与沙在这里腾转挪移，漫天飞舞，山呼海啸。结果是“飞鸟无栖树，黄沙遮天日”。

一个王朝留下落寞的背影。

所有的荣光归“零”，而且迅疾地跌入“负”的深渊。

诗人说：清朝的第一粒死亡细胞诞生在木兰围场的废弃里。

而一个时代新的开篇也隐含在对木兰围场投来关注的目光里。

风沙肆虐，无法无天，年轻的共和国下决心要来治理。

1961 年 10 月，时任林业部国有林场管理总局副局长刘琨受命带队来到塞罕坝勘查。哪知道，“美丽的高岭”以反讽的方式给他一个下马威。“怎么说呢，我后来写了几句诗，‘尘沙飞舞烂石滚，无林无草无牛羊’。”

可以想象，当时的刘琨和同伴有多绝望。

东部荒原上硕果仅存、顽强挺立的一棵落叶松，给他们一行以希望的曙光，“这棵松树少说也有 150 年。这是活的标本，证明塞罕坝可以长出参天大树。今天有一棵松，明天就会有亿万棵松”。

如今，这棵“功勋树”还在傲立风霜。它并不高大，也不粗壮，但落落大方，清清爽爽，透着不可冒犯的庄严与威仪。

这棵树，距离根部一米有余就开始分杈，感觉是两棵树在往上长。塞罕坝人陈智卿说，一棵树分杈长成两棵树，很可能是环境太恶劣，风雪把主干刮断，营养让侧枝分走了。还有就是年头长，没有人打理，一般的森林管护都要环切侧枝的。

我骄傲，我是一棵树，
……
条条光线，颗颗露珠，
赋予我美的心灵；
熊熊炎阳，茫茫风雪，
铸就了我斗争的品格；

我拥抱着——
自由的大气和自由的风，
在我身上，意志、力量和理想，
紧紧的、紧紧的融合。

诗人李瑛的句子，似乎是专门写给这棵树的“传记”。

这棵树，在向人类召唤：这里，尚存希望。这里，还有未来。

1962 年，来自 18 个省区市、24 所大中专院校的毕业生和周边地区的干部职工，组成 369 人的建设大军，雄心万丈，进驻塞罕坝，誓言重新安排山河与大地。

遭遇过人类残酷对待的大自然，摆出一个“店大欺客”的架势。

气温在这里玩着“蹦极”，极端最高气温 33.4 摄氏度，最低气温零下 43.3 摄氏度，年均气温零下 1.3 摄氏度。风一年只刮一次，从年初刮到年终。雪是这里的常住客，年均积雪 7 个月，最晚降雪记录是 8 月 26 日，最早是 6 月 10 日。真正意义上的春天在这里不是按照天过的，更不是按照月过的，而可能是按照小时过的。

塞罕坝人“咬定荒山不放松”。种树，成了他们心中强劲的旋律。

种树种树种树，他们心无旁骛。种树种树种树，他们吃了千斤苦，受了万般累，矢志不渝，不含糊。种树种树种树，他们不惜搭上后代的漫漫前途。

种树种树种树，这个响亮口号，塞罕坝人在内心喊了 55 年。种树种树种树，旋律看似平面，节奏看似单调，却抹平了荒漠与森林之间不可逾越的距离。种树种树种树，塞罕坝终于从“负”的深渊爬了上来，挺立起“正”的身姿。

“万里蓝天白云游，绿野繁花无尽头。若问何花开不败，英雄创业越千秋。”作家魏巍曾经踏足这里，留下诗句。都知道，他有篇代表作，叫《谁是最可爱的人》。

塞罕坝人，也是可爱的人。他们没有惊天动地的豪言壮语，却干着感天撼地的千秋伟业。

如今的塞罕坝，森林覆盖率由林场建立初期的 12% 增至 80%，林木蓄积由 33 万立方米增至 1012 万立方米，完全称得上一艘“绿色航母”，一家“绿色银行”。

如今的塞罕坝，是一面墙，一面抵御风沙的墙；是一汪海，一汪绿意葱茏的海。

曾经，塞罕坝之美“殆非人力之所能为”。如今，塞罕坝之美“确属人力之所能为”。是人力，让塞罕坝奄奄一息。也是人力，让塞罕坝满血复活。人与人之间，横亘着岁月的沧桑，更见证着一个时代的阔步前行。

二

一个蕴藏生态思想的“林子”，新时代的年轮更绵密更壮实

“无边旷野一棵松，顶天立地傲苍穹。雷霆或可伤枝叶，壮志何曾动毫分？”来自林业系统的诗人田永芳，对塞罕坝的“功勋树”一咏三叹。

这棵落叶松，记录了塞罕坝这片茫茫林海从无到有、从小到大、从弱到强的生长历程。树是有年轮的。岁月的印痕，刻在树干一层又一层的同心纹路上，表征着时光进度与人世变迁。而新时代刻下的年轮，必定更绵密更壮实，也再度昭示：塞罕坝是有根的塞罕坝，塞罕坝这个“林子”是有根的“林子”。

这个关乎生态理念、生态思想的“根”，厚植在塞罕坝人的意识深处。

塞罕坝人太知道，这个“林子”是怎么来的，意味着什么。

当年的人们，对“千里红叶连霞飞”的木兰围场“巧取豪夺”。毫无节制的索取，引发大自然的疯狂报复。当塞罕坝人再度靠近时，大自然并不听从，更不屈服，而是持续地出难题，考验着人类的耐力与决心。

1962 年，369 位塞罕坝人，种下 1000 亩的树苗，但成活率不足 5%。第二年春天又造林 1240 亩，成活率只提高了 3 个百分点。

大自然毫不客气。塞罕坝人的信心骤然降至冰点。

1977 年 10 月，一场罕见的“雨凇”灾害袭击塞罕坝，受灾面积达 57 万亩，“一棵 3 米高的落叶松上，挂着的冰有 500 斤重”。

大自然并不想“束手就擒”。

不足 3 年时间，大自然再度“偷袭”，让正处于生长期的树木遭遇 3 个多月的干旱，12.6 万亩的落叶松悲怆地倒下。

塞罕坝人屡败屡战，每一次都重整旗鼓，跟大自然较量、协商。

人类以善相待，自然敬之以礼。

这 10 年，与建场初期 10 年相比，塞罕坝及周边地区年均无霜期增加 12 天，年均降水量增加 50 毫米，大风日数减少 30 天。大自然调整了区域的小气候，给塞罕坝人回赠一份大礼。

从报复到相持再到友好，大自然与塞罕坝人之间，演绎着人类与自然关系的变奏曲。大自然与塞罕坝人携手相告：人类与环境有且只有友好相处，真正“姐妹情深”“哥俩好”，才能拥有美好的未来。

“靠山吃山，靠水吃水”的思维，不是没有给塞罕坝人以冲击。种树嘛，就应该“吃树”；绿色嘛，大致来说就是穷困、落后、封闭的代名词；过日子嘛，就应该发“大工资”，过“大生活”。再说，塞罕坝的森林资源总价值超过200亿元，是有挥霍资本的。但塞罕坝人还是决然地把这些想法摁住了。

由于气候条件限制，塞罕坝的树，每年的生长期满打满算，也就两个月左右。塞罕坝的树在休眠，塞罕坝的人在思想上却放弃“猫冬”。新的理念、新的思路，引领着塞罕坝人步子迈得更稳，走得更远。

茫茫林海缄默无声，却以伟力撑起一片新的天。

“这几年，越来越感觉，花草树木，空气、水和绿色的地位上来了。”塞罕坝人于士涛说。

“我总结，干林业的，就是要看天吃饭，看老天爷的脸色。我们做事，做到什么分上，老天爷说了算。人还是要老实点，别老想着跟大自然对着干。”塞罕坝人张利民说。

“绿水青山就是金山银山。”“环境就是民生，青山就是美丽，蓝天也是幸福。”塞罕坝人在林场显著的位置，立起一块块标语牌，誓言要把嘱托牢记在心。

“生命与绿色拥抱，人类与自然共存。”“人人爱护环境，环境呵护人人。”“人类靠环境生存，环境靠人类保护。”“保护环境是责任，爱护环境是美德。”“用汗水美化青山，用爱心缔造家园。”“你的呵护，使我美丽。”“让人类在大自然愉快徜徉，让鸟儿在天空中自由翱翔。”“追求绿色时尚，拥抱绿色生活。”这些标语牌，散落在塞罕坝林场的各个角落。

呵护自然，保护环境，塞罕坝人站在前列。

“大家都说‘前人栽树，后人乘凉’。但这个‘凉’可不是那么好‘乘’的，是要‘打雷’的。”“80后”于士涛是个“新坝上”，已经成为林场中坚力量的他，越来越懂得前辈嘴边的“三分造，七分管”的分量。

这个“林子”是塞罕坝人的命。保护好这个“林子”，是塞罕坝人灵魂深处的第一位诉求。

保护保护保护，他们使出浑身解数。保护保护保护，他们对诱惑不闻不顾。保护保护保护，他们在行动上领先一步。

塞罕坝有个七星湖，群山环抱的100万平方米的湿地范围，分布着大小不等、形状各异的天然湖泊，宛如天上的北斗七星。

不少人忽略了这个七星湖全称为“七星湖假鼠妇草湿地公园”。

陈智卿介绍说，假鼠妇草常见于海拔1100米以下，而在海拔1500米左右的七星湖湿地公园长势良好，实属罕见，富有科考和观赏价值。

于是，塞罕坝人怀着敬意，以一种草的名义，为一个景区命名。

草是有生命的，树也一样。生命之物总是要患病的。如何给森林治病，塞罕坝人自有路数。

林场森林病虫害防治检疫站站长国志锋介绍说，对于森林病虫害防治，塞罕坝有个总体原则：能森林自控的，不人为干预；能小范围控制的，不扩大面积防治；能采取天敌、物理防治的，不用化学药剂。

“目的就是将环境污染降到最低，最大限度保护非防控对象，促进森林形成自控机制，维护生态平衡。”国志锋的意思是，“林子”能自行解决的，就让它自己动手。

对于防火的事，塞罕坝人则是牢牢握在手里，一刻也不撒手，“森林如同万宝藏，资源财富里面藏。若是防火不为重，定是富土变穷壤”。

林场防火办主任吴松告知，塞罕坝林场防火的考核办法是定量的，采取的是“百分制”，每一分都是落地的，很明确，可操作。

比如，随机抽查发现护林员的巡更系统手机人为损坏或者丢失了，每部扣0.1分；防火宣传专用广播设备损坏了，无法使用，扣1分；护林防火紧要期，各分林场主管领导如果不接听电话，每次扣0.5分；专业扑火队员的单兵装备，包括扑火服、头盔、手套、扑火靴、挎包、水壶、毛巾、风镜、急救包、手电筒，缺少一件扣0.1分。

关键是，这么一路算下来，90分以上才达标。

一旦不达标，紧跟着一长串的处罚措施，硬碰硬，毫不留情。

制度在上，有规可循，清清楚楚，容不得半点的侥幸与懈怠。

就这么着，塞罕坝人在防火上，自己给自己念“紧箍咒”，一遍又一遍，一年又一年。

在这个防火“百分制”定量考核办法中，有一大项是“资源管护”，明确一旦发现牲畜进入幼林地，包括发现牲畜粪便，每次扣0.2分。

当年，刘琨见着的塞罕坝“无林无草无牛羊”，是因为牛羊不来了。如今的塞罕坝，是不让牛羊来。于是，现在的塞罕坝，“天苍苍，野茫茫，风吹草低，难见牛羊”。

防虫、防火、禁牧，为了保护这片林海，塞罕坝人亮出一套组合拳。

但他们不满足于“守”，而是也有“攻”。

塞罕坝人的“拿手好戏”就是见缝插绿、见空植绿。

他们又开始向石头要绿色。

经过几代人的艰辛劳作，塞罕坝能植树的地方基本上都被绿色占领了，“肉都吃光了”，好一点的“骨头”也给啃完了。要说绿色在塞罕坝已经趋于饱和了，但塞罕坝人不避短，因为还有“硬骨头”。

一些石质阳坡，土层瘠薄、岩石裸露、地处偏远、施工难度大，有的坡度甚至达到 46 度。塞罕坝人说，绿色无盲区，绿色要彻底。既然铁树能开花，石头上自然也能种树。

他们把这个工程命名为“攻坚造林”，完全是向改革纵深处挺进的阵势。

整地如何动手？“沿等高线，利用人工进行穴状整地，穴面规格为长 70 厘米 × 宽 70 厘米 × 深 30 厘米，较常规整地规格有所加大，采用‘品’字形配置，有效拦截地表径流”。

树种选择有哪些要求？“以抗干旱能力强的樟子松和油松容器苗作为主要栽植树种”，苗龄在三四年之间，苗木高度控制在 20 厘米至 30 厘米。

还有特别提示，“苗木栽植完成 1 周后，进行二次踏实，充分做到根土密接，防止透风失水”。

这些内容摘自论文《塞罕坝林场开展攻坚造林的成功经验与思考》，作者司宏图，来自塞罕坝第三乡分场。

塞罕坝的造林与管护，历来都是科研力量“唱大戏”。一群知识分子，甘心在这里观察树、研究树、发现树。

这几年，塞罕坝完成《坝上地区华北落叶松人工林大径级材培育技术研究》《塞罕坝自然保护区生物多样性研究》等 5 项课题研究，开展《油松、华北落叶松高效培育与经营关键技术研究》《华北土石山区典型森林类型可持续经营技术研究》等 4 项协作研究，评审通过《河北省白毛树皮象防治技术规程》《河北省樟子松人工林抚育技术规程》等 3 项地方技术标准。

塞罕坝的 659 种植物，也被纳入研究的视野。“在特有植物中，光萼山楂是新发现的一个耐寒耐旱种，保存了良好的基因遗传性。”《塞罕坝森林植物图谱》记载道。

风光摄影家姜平则以艺术的视角，丈量着塞罕坝的一草一木，“高低起伏的山岗之间夹杂着一块块草场和湖泊，晨曦中耀眼的白桦树、夕阳下牧归的牛羊和秋风前短暂的油菜花，构成了塞罕坝典型的地貌特征和美丽的塞外风景。这种自然条件，非常适合摄影创作”。

他出版的画册《风光摄影解析：塞罕坝》，以塞罕坝的风景为例，讲述着与风光摄影有关的甲乙丙丁。

塞罕坝经得住360度全域性的研究与打量，最根本的还是新的生态思想在奠基、在涵养。

塞罕坝之路，是播种绿色之路，亦是捍卫绿色之路，更是以绿色发展理念为引领、为方向的通往未来之路。

这就是塞罕坝的“根”。

三

一个蓄满精神能量的“林子”，向着壮阔的天空拔节生长

“一松一竹真朋友，山鸟山花好弟兄。”

在塞罕坝林海漫步，眼与耳，身与心，是可以完全托付的，不设防。

无边无沿、无穷无尽的绿色，清新、雅洁、恢宏、明亮，令人心安，有着向上的牵引力。

饮水思源，睹物思人。

塞罕坝有片“尚海纪念林”。好一个齐整、葱翠的“林子”，铭刻着以林场首任党委书记王尚海为代表的创业元勋们的功绩。

林场建设初创时期，困难堆积如山。为了稳定军心，王尚海

一跺脚，从承德举家迁往坝上。副场长张启恩，原林业部造林司工程师，北京大学毕业生，硬是说服爱人挥别京城，举家上坝。

燕赵大地，再次响起“壮士一去不复返”的悲歌。

悲歌一曲唱罢，旋即转入寂寞。无边的寂寞，始终是塞罕坝的“敌人”。

出生于20世纪40年代的尹桂芝，18岁时秉持“祖国的需要就是我的志愿”的信念，来到塞罕坝，“没活干，那就找活儿干，干啥还得往前干”。出生于20世纪30年代的“老坝上”张省也说：“当时就看谁能干。谁能干就跟谁比。比着干，得劲！”

化解白天的寂寞就找活儿干，安顿晚上的寂寞就人为制造声响。

“年轻人没啥活动，上山参加生产回来，基本上就在宿舍待着，看看书。太闷了，就喊两声，乱唱几句，敲敲洗脸盆子。就这样。”建场初期的技术员李信说。

这么多年了，寂寞依然难以驱除。

塞罕坝在偏僻地带设有多处望海楼，一般都是夫妻终年住着，观察火情，被誉为“森林的眼睛”。

刘军和齐淑艳驻守的阴河分场亮兵台营林区望海楼，是整个塞罕坝林场的制高点。举目一望，茫茫林海尽收眼底。同时，林业人最忌讳的就是“火”字了。多重因素叠加，就专门辟名为“望海楼”。

这里距离林场驻地有一个小时的车程，一路上除了树，还是树，偶见一个人影，都让人心生暖意与欣悦。

他们的任务就是每15分钟登高瞭望一次，看看四周是否冒烟。这份工作，没有消息就是最好的消息。在这个几乎与世隔绝的地方，两口子生活了11年，“该吵的架都吵完了”。原本性情上就好静的刘军，笑起来也是一个“慢动作”。

实在是“熬得慌”，刘军看见央视播放着《跟徐湛学国画》节目，顿时来了兴致，“寻思”着那就学画画吧。

初中一年级就辍学了的刘军，人到中年，给自己找了个爱好。边学边画，边画边学，他感觉没有那么难，“你看，画个松树枝，拿毛笔往纸上一戳，就出来了”。

他画有《赏秋》《一览众山小》《春江水暖》《松鼠送福》《长寿图》《百财聚来图》，还有一幅，两只猫咪，瞪大眼睛，竖起耳朵，全神贯注，相互偎依着。刘军将之唤名《守望》。

“守望”，是当代塞罕坝人的人生关键词。

他们在守望塞罕坝的气息。用作家石英的话说，整个塞罕坝都散发着“一种清冽、芳香、甜润而又略含酸爽的使人清醒、促人向上的气息”。

他们在守望塞罕坝的绿色。用编辑家崔道怡的话说，塞罕坝的绿是“碧绿、翠绿、嫩绿、油绿”，是“饱含着脂肪与水分、充盈着生命之原色的绿”。

他们在守望塞罕坝的美丽。用摄影家李英杰的话说，塞罕坝的自然美“诠释了世间所有的永恒、浩瀚、广袤、和谐与力量，是原生态的美，是真正的自然美”。

守望守望守望，他们以立正的身姿长成了一棵棵参天树。

站在那棵被誉为“功勋树”的落叶松前，李瑛老先生的诗句再次在耳边回荡：

我骄傲，我是一棵树，
……
我是广阔田野的一部分，大自然的一部分，
我和美是一个整体，不可分割；

我属于人民，属于历史，
我渴盼整个世界
都作为我们共同的祖国。

你分明能感知到，这里的“我”，不仅是一棵树，也是塞罕坝的百万亩林海，更是创造着、传承着塞罕坝精神的塞罕坝人。

守望守望守望，他们练就“塞罕坝式”的乐观。

“一日三餐有味无味无所谓，爬冰卧雪苦乎累乎不在乎”。这是当年的塞罕坝人拟就的对联，横批“志在林海”。

而现代塞罕坝人在遇事抱持乐观态度上不输前辈。

由于长年在海拔1010米至1940米的地方工作生活，塞罕坝人的皮肤偏黑。他们就自嘲是“黑蛋”“黑煤球”“黑土豆”。

转而，他们有时也“冒充”一把文化人，自称是“林家铺子”的。

守望守望守望，他们这群倾心制造“氧气”的人出手大方。

数据显示，塞罕坝每年释放氧气54.5万吨，可供199万人用上一整年。

塞罕坝这个“林子”更在释放着精神的“氧气”。

因为这个“林子”的带动，林场所在的河北省承德市造林绿化步入“加速度”跑道，全市森林面积3390万亩，森林覆盖率超过56%，再造了25个塞罕坝。

因为这个“林子”的感召，更多的人享受着一种有远见的生活方式。

刘国是塞罕坝北曼甸分场四道沟营林区的一名护林员。他的任务，就像歌曲唱的“大王叫我来巡山”，要在沿途开展防火宣传，扣留所有火种，查看所辖范围是否有人为或牲畜毁林现象。他每天都要写巡山日记，营林区主任还要“批改”。

不过，刘国已经从“要我巡山”转向“我要巡山”。他说：

“有事没事，有点没点，就喜欢到山里走一走、看一看，要不然就不舒服、不踏实。”

在坝上感到舒服与踏实的，还有 8 岁的刘笑宇。

平时刘笑宇在临近塞罕坝的乡镇上读书、生活。正值暑期，他就跟着家人上坝了。见着时，他正和另外两个小朋友组成“寻宝小分队”，在草地上嬉戏，“我喜欢坝上，可以一直跑，跑呀跑，一口气跑好远”。

在大自然的怀抱里，他是一个舒舒展展的人。

2017 年 7 月 12 日傍晚，在七星湖假鼠妇草湿地公园“松毯天成”景点，一个小男孩捡起一枚松果，问妈妈这是什么。妈妈告诉他，这是松果，里边有松树的种子。种子慢慢长大了，就是身旁的这些小树苗。

“小树苗”这三个字令小男孩眼神一动，旁若无人地念起了童谣：“园里一排小树苗，根根栽得一般高。小树苗，嫩又小，摇一摇，就摔倒。小朋友们爱树苗，你不碰，它不摇，挂上一张小纸条：人人爱护小树苗。”

小男孩来自北京，名叫郭恒铭，正读着幼儿园。妈妈晁华说，这是第一次听儿子唱起这首童谣。

这么个地方，这么个时刻，“爱护小树苗”的星光，在这个 4 岁孩子的脑海中闪烁着。

一颗美好的种子正在他的心底发芽。

孩子们意味着未来。成人理当要为他们倾心爱着的绿色护航。

塞罕坝人是榜样。

这里被评为“最美奋斗者”集体，被联合国环境规划署授予“地球卫士奖”。

“什么人？一颗绿色的心，一脸的刚毅与幸福。”在奔向中国梦的征途上，有人问。

“塞罕坝人！”回答响亮而有力。

“什么人？把生态的事看得这么透彻，行动上这么果断。”在人类描绘生态文明前景的漫漫画卷边，有人问。

“中国人！”回答更坚定、更铿锵。

附

塞罕坝之歌

2014年3月15日，星期六，刘海莹脚步匆匆。

河北承德塞罕坝机械林场进入防火紧要期。刘海莹时任林场的党委书记，一想到百万亩松林的生命安全，他和同事们的心不由得紧绷起来。

塞罕坝，白雪皑皑，呼呼的寒风在松树之间撞来撞去，发出沙沙的声响。

这里平均海拔1500米，年均气温零下1.5摄氏度，极端最低气温零下43.3摄氏度，年均积雪日数169天，年均6级以上的大风日数47天，年均无霜期仅72天。

但是，人类在这里创造了奇迹：塞罕坝的人工林，按一米的株距排开，可以绕地球赤道12圈。

“高、远、冷”，是以往塞罕坝给外人留下的普遍印象。如今，这3个字被置换成了“美、绿、香”。几代塞罕坝人肩扛家国使命，在高寒的沙地上用“硬措施”完成“硬任务”，谱写了一曲绿色的欢歌。

“塞罕坝人享受着历史的光荣，更感受到沉甸甸的责任。我们造林、护林的步伐要更加有力。”刘海莹说。

塞罕坝，一部浸透艰苦奋斗精神的传奇。

一

“老天虽无情，也怕铁打汉。满地栽上树，看你变不变”
——为了固沙源、捍水源，王尚海、“坝上六女”、曹国刚、孟继芝誓向沙地要绿色

历史上，塞罕坝曾是“美丽高岭”，林木茂盛，郁郁葱葱，“落叶松万株成林”。但是，由于过载、过牧、匪灾、火灾，塞罕坝生态环境日益恶化，新中国成立初期已是一片荒漠。

巴丹吉林、腾格里、乌兰布和、库布齐沙漠和毛乌素、浑善达克、科尔沁沙地，呈扇形聚拢，形成3000多公里风沙线，对新中国的首都“虎视眈眈”。

警钟敲响！与北京直线距离只有180公里的浑善达克沙地海拔1400米左右，而北京海拔仅40米左右。

“有人形容，如果这个离北京最近的沙源堵不住，那就是站在屋顶上向院里扬沙。”作家李春雷在报告文学《塞罕坝祭》中写道。

首都告急！

1962年，原林业部紧急从全国18个省市的24所大中专院校调配127名毕业生，和当地242名干部工人一起，组建塞罕坝林场，号令向沙地进军。

“改变当地自然面貌，保持水土，为减少京津地带风沙危害创造条件”。原国家计委在批准建场方案时，以共和国的名义发出这27字号召。

这27个字，是期许，更是方向。塞罕坝人铭刻于心，开始了感天动地的创业之旅。

林场首任党委书记王尚海之前在承德市区工作。接到调令，

他二话不说，毅然带领一家人上山，不给自己留任何后路。

然而，第一年造林失败，成活率不足两成。

“不是树的问题，而是人的问题！”在这片土地上打过游击的王尚海不信邪，重新搬出“集中优势兵力，各个歼灭敌人”的作战方针，第二年 4 月，率领精兵强将，在一个叫马蹄坑的地方连续奋战 3 天。

天太冷了，气温在冰点以下，“每个人的雨衣外面都溅满了泥浆，冻成了冰甲，走起路来，咣咣直响，像一个威武的将军”。

被窝成了“冰雪窝”，硬如铁，怎么睡？王尚海和同伴有的是办法：把砖头和石头扔到火堆里，烧一阵子，再搬进被窝。

仅仅过去 20 天，马蹄坑“活”了过来，遍地一片嫩嫩的绿色。

塞罕坝再度燃起了希望。王尚海来不及抹一把幸福的泪，又开始了新一轮的“战略部署”。

如今，遵从他生前的意愿，马蹄坑成了他的长眠之地，一片茂密的“尚海林”镌刻着他的钢铁意志。

王尚海成了塞罕坝的一面旗帜。在他的周围，汇聚着一群可爱的战友。

几个女娃娃自愿加入了他们的队伍。

1964 年，承德二中一个宿舍的 6 位女学生，晚上在寝室卧谈，畅想如何奉献自己的热血青春。19 岁的陈彦娴想起，自己的邻居就在塞罕坝林场工作，干得热火朝天。众姐妹来了兴致，集体给林场写了一封请愿信，誓言将青春献给塞罕坝的壮丽事业。

林场郑重地向她们招手。姐妹六个欢呼雀跃，放弃高考，奔赴坝上，书写了“六女上坝”的传奇。

陈彦娴依然记得，从承德到塞罕坝，200 公里的路程，她们整整颠簸了两天。到了目的地，发现这里没有几间房子，到处都是半人多高的野草。

环境的艰辛超乎想象。比如，10月份挑选树苗，苗棚四面透风，还要在泥潭里作业，“我们穿着棉袄，冻得一个个直打冷战，手都冻肿了，裂了口子，钻心地疼。就在这样的环境下，我们在选苗棚里一坐就是一天，每人平均每天都选上万棵苗子。收工时，腿都不听使唤了，站不起来，腰也直不起来，整个人就像僵住了一样，好半天才能动”。陈彦娴发现，当时跟自己一起在苗圃里工作的人，后来不是罗圈腿就是风湿病。

对于自己当初选择扎根塞罕坝，如今在家享受天伦之乐的陈彦娴并不后悔，“因为这里是我梦想开始的地方”。

曹国刚也将自己的梦想托付给了塞罕坝。

生于1940年7月的他，是辽宁沈阳辽中的血性汉子。既来之，则安之，塞罕坝就是家了。

曹国刚平生最大的心愿是把油松引上塞罕坝，丰富林场的树种结构。于是，他半辈子的心血就花在这件事上。善于借助“外脑”的他，还邀请北京林业大学的专家一道联合攻关。

可惜，身体不由人。他咬紧牙关攻克技术难题，疾病却紧紧“咬”住他不放——他患上了肺心病，呼吸困难，心肺衰竭。

说话都成了问题。他就用笔写，写自己获取的经验，写进一步的设想，写内心的愿望，写到满头大汗，还是不肯停歇。

“我不服气。这是我最大的心事，最大的遗憾！”没有亲眼看见油松在塞罕坝上扎根，他心有不甘，泪水浸透了纸张。

弥留之际，他喘息沉重，脸色发紫，眼睛却依然瞪着。妻子了解他的脾性，哭着喊：“你放心吧，我还让孩子搞林，把油松引上塞罕坝！”

七尺男儿这才缓缓地合上了双眼，年仅50岁……

想起自己的这些老伙计，孟继芝觉得自己是庆幸的。

1963年冬，他负责次生林的越冬防火瞭望工作。12月14日，大雪纷飞，地面上的积雪已经超过一尺，火警解除，可以回家过个安稳年了。

但是，下山途中，暴雪肆虐，狂风乍起，他迷路了。被救起时，双腿发黑，已经坏死，不得不马上截肢。19岁的他开始了与轮椅相伴的漫漫人生。

他笑言自己运气不错，因为一同上山的战友，去世时平均年龄只有52岁。

笑声戛然而止，泪水默默地流。

这一代人，秉承“先治坡、后治窝，先生产、后生活”的原则——住的是草窝棚、地窨子；吃的是黑莜面窝窝头，就着咸菜；喝的是雪水，脏不脏顾不上……但是，他们没有却步。

“渴饮沟河水，饥食黑莜面。白天忙作业，夜宿草窝间。雨雪来查铺，鸟兽绕我眠。劲风扬飞沙，严霜镶被边。老天虽无情，也怕铁打汉。满地栽上树，看你变不变。”

平易的诗行，盛满了一代人的壮志豪情。

英雄的故事在塞罕坝处处传扬，成为后来者的人生指引。“这里的每一棵树都浸染着上辈人的心血，来之不易。他们的精神永不磨灭，值得我们学习。”塞罕坝林场下属的第三乡林场场长张利民说。

李建林、孙占林、李大林、钱森森、刘时塞……如今，塞罕坝人在给孩子取名字时，喜欢融入“林”“树”和“塞罕坝”的元素，希望给他们的人生盖上一个重重的戳印。

接力棒，稳稳传递。

二

“走在大街上，平时喊你一声哥哥的，这时候不自觉地喊叔叔了”
——赵福洲夫妇、邓宝珠、朱凤恩艰苦奋斗底色犹存

俗话说：“前人栽树，后人乘凉。”但新一代塞罕坝人没有躺在前人的功劳簿上睡大觉。

“三分造，七分管”的理念在塞罕坝深入人心。其中，防火被视为关乎全场存亡的生命线，这里的孩子看到一个燃烧着的烟头都会抢着去踩灭。

天桥梁望火楼好比一个边防哨所，人迹罕至，几乎与世隔绝。放眼望去，整个世界除了白白的雪，就是高高的树，门口红红的对联平添了一抹色彩。

看到记者来，瞭望员赵福洲先是一愣，随之笑容漾在脸上——整个春节，他和妻子陈秀玲都是在山上度过的，难得有人登门。

这是一栋5层的小阁楼，单层面积不到10平方米。一部手机搁在窗户边，“捕捉”微弱的通信讯号。窗外支着太阳能板，用电要看太阳的“脸色”。晴天还好，可以看看电视；如果是阴天，只能干坐着，偶尔的惊喜是听到野生小动物路过的声音。

望火楼的顶层宛如一个天然的大冰柜，窗户被冰雪罩得严严实实。赵福洲手持小铁棒，奋力刮去窗玻璃上的冰层，拿起高倍望远镜四处观察。

他的工作就是每15分钟登高瞭望一次，看看是否有哪里冒烟了。就是没有情况，也要用固定电话向场部报个平安，这叫“零报告”。多年的锤炼，使他一眼就能区别是烟还是雾，也知道四

周远近的各个方位是哪座山哪道岭，俨然一台“人工定位仪”。

2013年4月30日，赵福洲及时报告了火情，并确定起火地点在围场县西山。整套的应急机制旋即启动，为火灾的快速扑灭赢得了时间。

其实，这里留下过他的辛酸记忆。1984年冬，大雪封山，怀孕7个月的妻子陈秀玲在刷洗水缸时，肚子不小心被重重地硌了一下，瘫倒在地。他当即向场部求救，但是风雪太猛烈了，直到15个小时后，陈秀玲才被送到医院。孩子只活了一天半，夭亡了。

哭过，痛过，两口子依然坚守。有时难免拌上几句嘴，但很快就和好了。“找不到人说话，还生个啥气。”陈秀玲笑道。

“闹啥不是个闹呀！这辈子就跟大火干上了。”54岁的赵福洲说得轻松。

“闹”，是塞罕坝人的口头禅，干脆，豪气。但他们不是“瞎闹”“胡闹”，而是有自己的章法。

经过几代人的艰辛劳作，塞罕坝上能植树的地方基本上都有树木安家。“肉都吃光了”，好一点的“骨头”也啃完了。哪里还有空间？塞罕坝人说：“那就啃硬骨头！”

石头之间也可以种树！一身农民装束的技术员邓宝珠一手拿铁锹，一手拿树苗，“见缝插针”，逮着机会就上。不过，他“有勇有谋”，拉起一根线，在一条直线上找空隙，“便于后期的管护”。这就是“干插缝造林法”，石质山地从此也开始披上绿衣。

对塞罕坝而言，造林要紧，病虫害的防治也是天大的事。

“防虫得抓最佳时机。”塞罕坝第三乡林场森保股股长朱凤恩说，“太早的话，虫子没孵出来，效果不好；太晚的话，虫子长成了，耐药性强，防治难度也很大。”

把握时机，对有35年防虫经验的朱凤恩来说并不是难事。通过无数次试验，他已经将坝上常见害虫的习性摸了个底朝天。

他捕来不同种类、不同成长期的害虫，用不同品种、不同浓度的农药分别喷洒，记录其死亡时间，由此找出了适用于不同虫害的最佳防治时机、最佳防虫药品，计算出了不同强度虫害下的用药浓度和喷药频率。

2002年，松毛虫大举来袭，坝上局部地区受灾严重，虫吃树叶发出的声音颇有些“得意”，似乎在向人类下战表。

朱凤恩领命上山灭虫。为抓住清晨四点这个最有效的防虫时机，他带领技术人员和喷药工人，每天凌晨一点半就开始忙碌。

这场“战役”持续了两个月的时间，最终松毛虫败下阵来。

厚重的防护服、双层口罩和防毒面具让人行动迟缓、呼吸困难，却也不能完全隔离伤害。“战事”结束时，朱凤恩和同事脱了一层皮。

后来，河北省在制定有关喷烟机防治病虫害的地方标准时，主要经验数据大多都由塞罕坝提供。

“没事我就琢磨呗，老一辈辛辛苦苦留下来的家业，怎么也不能毁在我们手中吧？”朱凤恩咧着嘴笑。

同样，在谈及为何有那么多个独到“发明”时，曾荣获“全国绿化奖章”的邓宝珠直言：“上对得起老同志，下对得起小家伙。”

而“小家伙”们也不敢怠慢。

每年的3月15日至6月15日，塞罕坝人要造林，要防火，要防虫，工作如千钧重。尹海龙是“林二代”，他发现这时候好多同事身穿迷彩服，头发上挂着松叶，脸是铁青色的，嘴唇开裂，裤腿的褶子里藏着土，鞋上都是泥。再看看自己，也是如此——“走在大街上，平时喊你一声哥哥的，这时候不自觉地喊叔叔了。”

这个“80后”和其他塞罕坝人一样，通宵达旦地扑在工作上，也顾不得什么形象了。其实，这正是塞罕坝最动人的模样。

三

“要求于人的甚少，给予人的甚多，这就是松树的风格”

——塞罕坝人张启恩夫妇、于士涛夫妇如一棵棵松树，傲然挺立于天地间

塞罕坝到底价值几许？2007年，中国林科院有过初步的评估：这里不仅有效承担了阻挡风沙的任务，而且每年为京津地区输送清洁淡水1.37亿立方米，吸收二氧化碳74.7万吨，释放氧气54.5万吨，每年提供的生态服务价值超过120亿元……

塞罕坝的这份“成绩单”，主要树种落叶松和樟子松功不可没。

松树，是崇高品质的象征。老一辈无产阶级革命家陶铸写道：“要求于人的甚少，给予人的甚多，这就是松树的风格。”塞罕坝人，如一棵棵松树，在历史的长河里绽放生命的绿色。决定坚守塞罕坝的人，内心都与塞罕坝的精神内核相吻合，与秀丽挺拔的松树气质相呼应。

张启恩，1944年毕业于北京大学林学系，新中国成立后，在原林业部造林司从事技术工作，妻子张国秀在中国林科院搞科研，一家五口生活其乐融融。1962年，一纸调令，让他举家迁往塞罕坝。尽管“文革”期间，他遭受折磨，一条腿残疾了，但直至逝世，他依然不后悔当初的选择。他们夫妇，成为连绵大山里最受欢迎的专家。

新世纪，面临类似的“选择题”，新一代的塞罕坝人给出了同样响亮的答案。

“80后”于士涛是保定人，微胖，一看就是个好脾气。他开口闭口都是“林子”，说时透着几分得意。2005年大学毕业，他

一头扎进塞罕坝，吃了蜜一般。而女友付立华考入中国林科院，攻读硕士研究生。2008年，她毕业留在北京，有一份不错的工作。到底谁“投靠”谁，出现了一场拉锯战。

节日期间，付立华多次来到塞罕坝，“走进林子里，每一次都感觉不一样，每一次都很新鲜”。在一股力量的感召下，2011年，她终于融入了塞罕坝。

“我们林业有个说法，叫‘适地适树’，意思是环境条件要跟树种特性相适应。我们俩之所以选择了塞罕坝，或许也是因为符合这项原则吧。”于士涛说。

如今，孩子已经两岁多了，他也开始担任塞罕坝林场下属的千层板林场场长。工作太忙了，孩子跟他不亲，“完全把我当陌生人”。说话间，于士涛有些落寞。

但是，在国家林业局国际竹藤网络中心牟少华的眼里，于士涛是一个充满力量的人。2012年6月，牟少华来到塞罕坝，参加中央国家机关青年“根在基层，走进一线”基层调研实践活动。于士涛的一席话让他印象深刻：“干林业的都默默无闻，也高调不起来。因为你做的事情，40年以后才能看到结果。”

“朴素的话语，让我们看到在新一代务林人身上传承的塞罕坝精神。”在总结报告中，牟少华写道。

塞罕坝人，以汗水与热血铸就万顷松涛，给人间送上一片绿洲，给人心捧来一丝绿意。

这就是塞罕坝的写照，一首响遏行云的歌。

紧紧抓住一个“本”字

很荣幸我有两次机会前往塞罕坝采访。一次是2014年的“冬天”。这个“冬天”是要打引号的，用的是“塞罕坝时间”。当时已经是3月份，春意萌动，万物勃发，但塞罕坝还是白雪皑皑、寒气逼人。我们计划采访望火楼上的瞭望员，中途司机被迫停车，因为雪太大了，看不见路，只好打道回府。这次采访，我和同事合写了一篇通讯《塞罕坝之歌》，在当年3月18日头版头条刊发。2017年，我再度上坝采访，撰写了报告文学《好一个大“林子”》。出发时，北京烈日炎炎、酷暑难耐，而一到坝上，却是凉风习习、清爽快意。两次切身的体验，让人觉得，这是一个“反季节”“反常理”的地方。

这当然只是表面的印象。真正深入、走进塞罕坝，就会发现，这是一个蕴含着真道理、大道理、硬道理的地方。而塞罕坝讲述的道理，关乎一个“本”字。

跟塞罕坝人接触、相处，我发现，这是一群执着于“本”的人。1962年，国家决定要在塞罕坝组建林场，目的和期望凝结在27个汉字之中，也就是“改变当地自然面貌，保持水土，为减少京津地带风沙危害创造条件”。这就是“本”，塞罕坝人“不忘本”。他们践行着诺言，用了五六十年时间。在林场驻地的街头，能看见一块公益广告牌：一只小鸟嘴里含着一张“生命银行”存单，持有人是“塞罕坝务林人”，存储的项目是“两棵小树苗，一块绿地，一块湿地”，日期是“每年每月每日”，受益人是“你他（她）我”。一般都说“你我他”，但塞罕坝人把“我”排在了最后边。塞罕坝人出乎“本心”，恪守“本分”，不改“本色”，以超乎寻常的耐力和定力，创造着人间绿色奇迹。

一代又一代的塞罕坝人就像是战士，把“累”字甩远，把“苦”字咽下，以坚韧不拔的斗志和永不言败的担当，攻下了荒漠，守护着绿色。忠诚是他们的底色，而百万亩人工林海散发出的墨绿芬芳就是他们的勋章。

塞罕坝迎来了新的改天换地。只是，“沙地变林海，荒原变绿洲”，字里行间，横亘着几多的岁月沧桑，绵延着多少的精神伟力，凝结着无法计量的汗水辛劳。

塞罕坝何以成为“塞罕坝”？答案是——

塞罕坝是“拼”出来的。

塞罕坝是“闯”过来的。

塞罕坝是“传”下来的。

创作时，我想到要以读者为“本”，也就是提高舆论传播的感召力与亲和力。这就要对所掌握的素材进行“化用”，争取让一杯茶，成为“琴棋书画诗酒茶”的“茶”，而不是“柴米油盐酱醋茶”的“茶”；继续改进文风，不说空话、套话、过头话，“宁留三分，不过一毫”；站位要高，视野要宽，尽量往大了写、往远了写、往深了写，但落笔要细、要小、要实。这也是尊重新闻传播规律的“本”。

还有就是恪守媒体特色定位的“本”。《光明日报》是一张思想文化大报，面向广大知识分子，坚持“党的立场、文的方向、学的特色、人的关怀”。基于这一特色定位，我们这次主要采取报告文学形式，报道方案也明确提出要“以史鉴知，以情动人，塑造有骨气、有个性、有神采的塞罕坝人形象”。

为了不辜负大家的期待，我全力以赴，下笨功夫、苦功夫、狠功夫。在写稿过程中，为了确保部分历史诗文的准确性，我来到国家图书馆翻阅了有关资料，发现与网上搜索的内容存在重大偏差。我想在行文时引用李瑛老先生的一首诗《我骄傲，我是一棵树》，发现网络上有各种版本。于是，就专门请教了新诗研究专家、南开大学教授罗振亚先生，拿到了这首诗歌的权威版本。事实是网络上的资料并不完全准确。比如说，原诗有一句是“我渴盼整个世界/都作为我们共同的祖国”。但网上搜索出来的多数是“共同的家园”。

在采访中，我偶然遇见一个来自北京的小男孩郭恒铭，只有四岁，跟着大人来旅游。他捡起一个松果，问妈妈这是什么。妈妈晁华说这是松果，里边有种子。种子长大了，就是身旁的这些小树苗。没想到的是，小恒铭突然唱起了幼儿园老师教的童谣《保护小树苗》。妈妈很惊讶，也是第一次听他唱起这个童谣。我就想，是塞罕坝这个“林子”，给这个幼小心灵的湖面，投下了一颗小石子，激起了波澜。这个细节太难得了。我就请小恒铭重新念了一遍童谣，用手机录音，但孩子太小，咬字不太清楚。幸好当时留下了他妈妈晁华女士的电话，通过反复沟通，最终把这首童谣完整呈现了出来。稿子刊出后，我跟晁华女士联系，并给她快递了样报。她特别高兴，在朋友圈分享了这篇《好一个大“林子”》，并留言道：“与《光明日报》记者的相遇，是孩子成长中的珍贵记忆！当您欣赏美丽的风景时，别忘了背后护林人的艰辛。”她还把这个事跟孩子的老师说了。这位老师留言道：“看看！我的学生，多棒！”

在采访中，还听说塞罕坝人给孩子取名字，喜欢用“林”字。这引发我的兴趣，就设法找来林场在职人员的花名册。逐个数过来，发现名字中把“林”字排末尾的，有29人。我就在稿子中用了一个自然段落，把这些名字列了出来。有人说，看到这里特别震撼。还有不少名字是把“林”字放在中间的，还有用了“森”字、“松”字或者是“塞”字。塞罕坝人以这样的方式表达着对这片“林子”的爱。

如果说一篇稿子是一个“林子”，那每一个字就是一棵树。我就想着要向塞罕坝人学习，以工匠精神，把每一个字伺候好、摆布好。这也许是作为一名文字记者的“本”。就说我的这篇报告文学《好一个大“林子”》，开始想着标题叫《好大一个“林子”》，借用一首流行歌唱的，“好大一棵树，绿色的祝福”。但后来觉得，《好大一个“林子”》只强调了“大”，而《好一个大“林子”》强调了“好”。文字记者就应该炼字炼句，像塞罕坝人一样，认真栽好、护好每一棵树。

当然，这些工作都是形式层面的，最终还是要为内容服务，突显出塞罕坝精神。塞罕坝精神立体而丰富，与地域的燕赵“慷慨悲歌”精神、林业精神特别是“太行新愚公”李保国精神、“一棵树”精神、松树精神等存在关联。塞罕坝这片“林子”，彰显了中国人环境意识与生态理念的升华历程，反映着人类与环境关系的演变轨迹，表征着人类始终追求一种有远见、讲品质的生活方式。我尽量把这些思想认识和哲学观念作为内在支撑，为整个报道寻找到潜在的“本”。

从某种意义上说，《论语》是中华文化传统之“本”。翻开这部儒学经典著作，第一则是“学而时习之，不亦说乎”，第二则就是“君子务本，本立而道生”。采访塞罕坝的经历，让我明白一个道理：为人办事还是要回到原点，不忘初心，真正做到“守本”与“固本”。

塞罕坝的"横平竖直"

位于河北承德的塞罕坝，落叶松遍布，笔挺笔挺的。

这些松树经历的四季，都不是一般意义上的时序更迭。冬天长期唱主角，春天、夏天被强行压缩了，高寒、沙化、干旱，带有负面色彩的词在这里集合，兴冲冲地向松树发起攻击。

松树们不加理会，顶天立地，铆足了劲，往上长，直直地往上长。

"何当凌云霄，直上数千尺。""白首归来种万松，待看千尺舞霜风。""时人不识凌云木，直待凌云始道高。"这些句子，都是历代文人写给松树的，都是高声礼赞。松树的品行，好像自古以来就是免检的。

塞罕坝是松树的天下。这些松树，跟风对话，跟雪周旋，跟寂寞逗趣。漫步塞罕坝，目力所及都是挺立着的灵魂。你会感觉被一股正气萦绕着，内心不由得生发出敬畏的情感。

在这片140万亩的土地上，人工绿化面积达112万亩。都说塞罕坝在大地上书写着绿色奇迹，那么松树负责的就是那一笔稳健的"竖"。

松树在地上投下的影子，就是路。塞罕坝的路，那么的细，那么的长，就像孩子用纯白色的油画棒，在硕大的墨绿色纸张上画出的一道道平展的白线，径直地伸向远方。

塞罕坝原本没有路，是塞罕坝人用铁脚板踩出了一条条路。

森林深处的一条条小道，给塞罕坝添上了灵气，让塞罕坝的花草树木跟人亲近了，也让塞罕坝的壮美与幽深得以被人识、被人叹、被人爱。

如果你添加了塞罕坝人为微信好友，又关心微信运动的计步排名，你会发现，塞罕坝人多数时候是排在前列的，甚至不时占据封面。这是因为塞罕坝人总是在路上，喜欢在“林子”里转悠，他们在工作，在生活，在守护绿色，在制造“氧气”，在用坚实的脚步丈量着、书写着大地上的那一笔舒展的“横”。

有了“横”与“竖”，坐标系的X轴、Y轴就确立了，而坐标系的原点，站着的是“人”。

一撇一捺，重重两笔，挥就的是人的浩浩威严，“水火有气而无生，草木有生而无知，禽兽有知而无义。人有气有生有知亦且有义，故最为天下贵也”。塞罕坝人，在茫茫荒漠上种树，历时五十五载，那么单调，那么漫长，他们顶住了风，挡住了雨，吞下了苦，咽下了痛，以强硬的姿态号令茫茫荒漠变身茫茫林海，让绿色常驻人心，并见证着生态保护跃居时代主潮。

一撇一捺，轻轻两笔，也状写着人的柔性智慧，“竭泽而渔，岂不获得？而明年无鱼；焚薮而田，岂不获得？而明年无兽”。塞罕坝人伺候着自己或前辈种下的这些树，担心它们受森林病虫害的困扰，有个“头疼脑热”，又忧心它们一着不慎“惹火上身”，后果难以想象。只能是处处提防，时时小心，念想着这片浩瀚森林自由地长大，尽情地长高。身为务林人，他们即便在言语上也对大自然以悉心的呵护。在石质阳坡植树，泥土少，只能从别处运来，他们叫“客土回填”，给一堆土以宾客般的礼遇，整个植树的氛围也平添了几分庄严。他们还喜欢把“适地适树”的说法挂在嘴边，这跟“到什么山唱什么歌”一个道理，到什么地方种什么树，蛮横不得，强扭不来。

塞罕坝人，演绎着人与自然关系的积极面与光明面。

横平竖直，一撇一捺，塞罕坝书写着一个“永”字。

都说一个“永”字，把汉字的基本笔画包含了。也可以说，一个“永”字，把中国大部分的人与事包含了。一个“永”字，自然也把塞罕坝人的一言一行与所思所想包含了。

用塞罕坝人的话说，要是这个“林子”没有了，就什么都没有了。

塞罕坝只能是向好，好上加好，永远苍翠欲滴，永续健康生长。

于是，塞罕坝人时刻牵挂着的，就是这个“林子”——他们把百万亩的这片林海，唤名为“林子”。与“林子”有关的事，才算事。与“林子”有关的事，无小事。防火紧要期，一根火柴，一个打火机，要想进入林区不太容易。塞罕坝人盯得紧紧的，意见再大，话说得再难听，也难以撼动这条铁的纪律。附近住着的人家如果有灰坑，他们都要一一扒拉过，看是否有火星在闪烁，像极了一个嘴馋的孩子，总是要把零食包装袋翻个底朝天。

横平竖直，一撇一捺，塞罕坝书写着一个“本”字。

1962 年，那么一个年代，国家决定要在塞罕坝组建林场，目的和期望凝结在 27 个汉字的字里行间：“改变当地自然面貌，保持水土，为减少京津地带风沙危害创造条件”。

这就是“本”，塞罕坝人“不忘本”。这就是“初心”，塞罕坝人“不忘初心”。

塞罕坝人践行着诺言，整整 55 年，每时每刻，每分每秒。

每年涵养水源、净化水质 1.37 亿立方米，每年释放氧气 54.5 万吨，拥有国家重点保护动物 47 种、植物 9 种……这是塞罕坝人提交的成绩单。

在塞罕坝小镇的街头，能见着一块块绿色的公益广告牌：一只小鸟衔着一张“生命银行”存单，持有人是“塞罕坝务林人”，储存项目是“两棵小树苗，一块绿地，一块湿地”，日期是“每年每月每日”，受益人是“你他（她）我”。

塞罕坝人把“我”排在了最末位。

我要说，至少生活在京津的人们，都欠着向塞罕坝人一个深鞠躬。

横平竖直，一撇一捺，塞罕坝书写着一个“木”字。

森林，树木，是塞罕坝人的亲属、友朋，亦是恋人，生死相依，你侬我侬。

海子有诗：“活在这珍贵的人间 / 人类和植物一样幸福 / 爱情和雨水一样幸福。”在绿色时空工作、生活着的塞罕坝人，不时享受着因静气而生发出的此等幸福。

那“幸福的闪电”，告诉着来到塞罕坝的每一个人。

我的书桌上，摆放着从塞罕坝拾来的几个松果。其中的一个，小巧可人，一片一片的，像花瓣，不羁地怒放，底部还带着一个把儿，整个造型看着就像天然雕饰的一枚胸针。塞罕坝的松果，散发着的香味，似乎要比别处的更浓郁一些，更淡雅一些。掩卷之余，看着这些来自大自然的信物，时常让我感觉与这个世界有了新的维系。

而更多的人在不经意间就与塞罕坝建立起了联系。

塞罕坝有多个苗圃，树苗在这里得到精心呵护、培育，待时机成熟，就装上车，被运往四面八方。

塞罕坝人嘴边的这些“苗子”，携带着塞罕坝的基因，盛满了塞罕坝人的情谊——

去吧！去吧！塞罕坝的“苗子”，去美化别人的幸福生活，去装点我们共同的家。

向"慢的精神"致敬

如果要用一个字来表达对这个时代的突出感受，我的选择是"快"。当下的生活，把"快"视为一种追求，甚至是信仰。人们渐渐失去了耐心，"中国式从容"成为一种可贵的涵养，在"中国式着急"面前显得有些格格不入。如果要用一个成语来概括当下人们的普遍心境，"立竿见影"再好不过。有时候，刚刚开始，就急着要拿到一个答案，然后来不及回味，又匆匆忙忙地奔赴下一个开始。

作为一名记者，在适应这样疾步前行的时代节奏的间隙，有必要静下心来，把目光聚焦周遭淡淡的人和事。总有那么一些人，生活平淡无奇，事业默默无闻，人生无声无息，堪称"时代落伍者"。但是，他们不可或缺，虽然身处某个角落，却依然竭尽全力地发出温暖的光亮。

走进塞罕坝，与几代塞罕坝人"亲密接触"，我深切地感受到，这是一群"时代落伍者"，又是一群时代精神的铸造者。

向沙地要绿色，阻止风沙的袭击，呵护亿万人的生命安全，这是一项艰巨如山的任务，压向塞罕坝人的血肉身躯。植树造林，不是"洪湖水，浪打浪，清早船儿去撒网，晚上回来鱼满舱"；也不是种植庄稼，春天播种，秋天收割，"喜看稻菽千重浪"。植树造林，需要的是时间的沉潜，一步一步地、滴滴答答地往前走，陪伴着树苗一寸一寸地长，一米一米地冒，直至参天大树拔地而起。这个过程，来不得“狂飙突进”，搞不了“揠苗助长”，只能是慢慢地伺候、静静地陪护。等到树木终于“成才”，人却已历经沧桑，无奈凋零。还好，下一代子孙断然地接过接力棒，继续慢慢地伺候、静静地陪护。

对于塞罕坝人而言，树是朋友，是亲人，甚至是自己的命。树依着自己的脾性，慢慢地生长，塞罕坝人也稳住自己的脾气，跟树的脉动保持内在的合拍。于是，这个群体也把自己长成了一棵棵大树，承续树一般的“慢的精神”，向这个社会输送着一种力量。

如今，在特定的季节，属于高寒沙地的塞罕坝成了不少人向往的一个所在。他们从四面八方聚集，把这里视为一个天然“氧吧”，参加时髦的森林旅游。而几代塞罕坝人，整齐地站成排，以树的姿态，携手吐纳着精神的“氧气”。

“慢的精神”是这个时代的稀缺。作为时代的“书记官”，记者应该用自己的笔墨、用自己的镜头，竭力刻下这道精神的印痕。这是一种职业的荣幸，也是一种职业的使命。

作家、摄影人、记者谈塞罕坝

一

“塞罕坝！近期新闻热点。由一棵树引发出的世界最大的人工林场。”2017年8月10日，茅盾文学奖获得者、作家刘醒龙在微信朋友圈推送了塞罕坝的一组风光照片并留言。

8月4日以来，各大媒体集中报道了河北塞罕坝机械林场历时55年，创造沙漠变绿洲、荒原变林海的感人事迹。一些作家对这组报道给予关注，应邀前往塞罕坝采风，并自发在朋友圈表达自己的感受与思考——

8月8日，报告文学作家蒋巍分享了一张俯拍的茫茫林海照片，配发的留言是：“都是人种的！”字里行间充满赞叹之情。

“山厚水厚人忠厚，山薄水浅人轻浮。若想不轻浮，那就多种树。”8月11日，生态文学作家李青松写道。在他看来，塞罕坝的意义不仅仅是自然环境保护的事，也关乎人心的“绿化”与健康。

“一代又一代，一年又一年，一棵又一棵。在种树护林这么一个看起来很不起眼的事情上，塞罕坝人创造着中国奇迹。”蒋巍说，看近来关于塞罕坝的系列报道，回顾塞罕坝发展历程，可以用“改天换地”来形容。在全球荒漠化极其严重、人类家园不断受到伤害的背景下，了解到中国还有个塞罕坝，真心为这片森林感到欣喜、激励和鼓舞。

“当然，更让我感动的是塞罕坝人。他们的奋斗精神，他们的忠诚与坚韧，他们的牺牲与奉献都是罕见的、有温度的，也是充满历史意义的。”蒋巍表示。

塞罕坝人是大写的人。

散文家冯秋子得知，那些健在的“老坝上”，这段时间看到各大媒体对林场的报道和肯定，都睡不好觉。因为他们觉得，自己所从事的工作，让大家这么关心，很兴奋，感到很幸福。

“跟塞罕坝人聊天，真是百感交集。他们是先进人物，但特别真实，很平常地生活着，但生活的内容却不同，有高度，有价值。他们是非常不容易的普通人。身处塞罕坝，我觉得这个环境太真实了，容不得人们虚妄，容不得铺张浪费，容不得有过多不切实际的麻烦。”冯秋子说。

塞罕坝是林业系统的老典型。在林业系统成长起来的作家李青松，之前多次来到塞罕坝，每次来都有新的认识和新的收获。这一次，媒体的集中报道和再度实地走访，让他始终在思考着这样几个问题：“一是，塞罕坝意味着什么？代表着什么？二是，老一代塞罕坝人身上到底有一种什么样的精神？新一代塞罕坝人是如何传承、如何弘扬这种精神的？三是，塞罕坝是如何通过生态之美来诠释‘绿水青山就是金山银山’这个道理的？”

2017 年 8 月 11 日，《人民日报》整版刊发李青松撰写的报告文学《塞罕坝时间》。这是他在塞罕坝林场几乎熬了两个通宵写出来的。在文末，他道出自己对这几个问题思考的答案：“塞罕坝就是绿水青山，塞罕坝就是金山银山，塞罕坝就是我们心底那个绿色的梦。那个梦，并非虚幻缥缈，并非无根无蒂，那个梦是真的，就在眼前。”

二

“我庆幸自己是一名摄影师，能用相机记录下自然赐予我的种种感悟，不论时间长短，都是我对塞罕坝情感的印证。”风光摄影家姜平说。

2017年8月初以来，各大媒体就河北塞罕坝机械林场发展历程进行了持续而深入的报道。塞罕坝的壮丽风光被更多的人熟知。善于透过镜头发现美和创造美的摄影人，以专业的目光重新打量这片林海。

早在1993年初夏，姜平首次来到塞罕坝。他敏感地发现，塞罕坝的自然条件特别适合摄影创作，“虽然这里没有山的雄伟，也没有海的宽阔，但却能给人一份出奇的平静，这种源自草原的魅力常能唤起我内心深处的宁静与祥和。蓝天、绿草、湖泊、白桦林，这一切将我带入梦幻般的宁静世界”。

“水的源头，云的故乡，花的世界，林的海洋，珍禽异兽的天堂。”这是对塞罕坝风情的高度概括。在《中国日报》记者邹红看来，塞罕坝是摄影人创作的一个福地，“森林无边无际，绿色铺天盖地，清风吹过来，有着律动的节奏。一片一片的花海，色彩丰富，层次分明，拿着相机拍摄，横竖都是一个美”。

王龙原来是学美术的，1991年来到塞罕坝林场工作。这里的四季，景色变戏法似的好看。他禁不住拿起相机，踏遍林场的每个角落，成了一个摄影人。2008年，他的一幅作品《天然氧吧》，定格了塞罕坝独特的自然景观，被第29届奥林匹克运动会组委会选中，和另外199幅作品悬挂在各类奥运场所。多年透过镜头看塞罕坝，王龙总结出拍摄这片林子的规律：“拍大片，上山尖；拍好片，等多云天。”

在塞罕坝，姜平感受到了大自然的变幻无穷，而且美妙的风景总是在前方，充满了未知的诱惑。于是，他几十次来到塞罕坝，“相机不离手，脚步不停歇”。他发现，夏季的塞罕坝到处都是养眼的绿色，即使在阴雨天，光线渐渐暗淡时，湖面上的绿色湖草还是鲜嫩的，拍下的画面让人觉得很舒服。2004年，他出版了画册《塞罕坝——解读风光摄影》，广受好评。2009年，又出版了一本风光图文书，取名《风光摄影解析：塞罕坝》。在书中，他不时抒发着对塞罕坝壮美的赞叹。

通过深入采访，邹红发现，塞罕坝的美不仅体现在风景上，也体现在精神上。

“采访过程中，我了解到‘沙漠变绿洲、荒原变林海’这个绿色奇迹背后很多感人的故事。这一片人工林，凝聚了三代人55年来付出的努力与心血。所以在拍摄时，我就觉得一棵树不只是一棵树，它是立体的，是有温度的。”邹红感受到了这片林海的重量。

王龙是“林二代”。在散文《我的父辈——致塞罕坝机械林场创业者》中，他写道：“我的父辈，你是绿色信念的追求者，像一棵棵寻着阳光生长的树。举一颗颗赤子之心，苦也如歌，累也如歌，哭也如歌，笑也如歌——壮丽如歌。”

采访时，邹红遇见了“老坝上”张省。老人家身体硬朗，走着走着，心急了不管不顾，还一路小跑。张省夫妻俩，加上三个女儿、两个外孙，一家就有七个人在林场工作。邹红专程来到他的家里，为这个大家庭拍了全家福。

“他吃过很多的苦，当年工作很努力，聊几句就知道他藏着很多的故事，但是他觉得自己没有什么特别的事迹，很普通。他总是笑着，跟小孩子一样可爱，心态豁达、乐观，让人心里暖暖的，肃然起敬。”邹红说。

她拍摄的全家福，11位家庭成员自在地坐着，朝着镜头朗声地笑。墙上挂着大大的“福”字，还有一幅画，四只骏马在撒欢地跑，名字就叫《马到成功》。

取景时，邹红想着要把这幅奔马图收入镜头，“以张省老人为代表的塞罕坝人，就像马儿一样，忠诚可靠，不知疲倦，永远向前奔跑着”。

三

“虽然回来已经有一段时间了，但每当工作感到疲劳时，或者在嘈杂的马路上走，甚至看到绿色，都情不自禁地想起塞罕坝。一想到那片林海、蔚蓝的天空、清新的空气，顿时觉得浑身清爽起来。我发现，塞罕坝的绿已经根植在我的心底。”新华社记者侯雪静曾经在塞罕坝机械林场蹲点采访半个月，和同事一起撰写了长篇通讯《从一棵树到一片“海”——塞罕坝生态文明建设范例启示录》。如今对于她来说，“塞罕坝”这三个字有着特别的意义。

侯雪静牵挂着塞罕坝的绿，中央电视台记者郭洁则对塞罕坝的黄昏念念不忘，“黄昏已至，落日未曾离去，余晖透过镶了金边的云层洒下几个光柱，在林海上打下几个圆圆的投影。这是七月塞罕坝的一个普通的黄昏。我就想，塞罕坝55年的发展历程中，应该有过很多个这样美丽的黄昏”。

同样，在《现代快报》记者孙兰兰心目中，塞罕坝的美，惊心动魄，“漫山遍野的绿，灵动通透的蓝，气势磅礴的日出，璀璨梦幻的银河，壮丽的风景不断地冲击着我的视觉”。

更让孙兰兰感到震撼的是，有一处山崖的剖层，上面林木葱郁，裸露出来的断面以一种突兀的姿态，出现在眼前。断面最上层只有薄薄的几厘米泥土，跟皮肤一样，下面全是石头。通过深入采访她还发现，许多地方甚至连“皮肤”都没有，裸露的地面泛着白，就是灰白色的沙地。这样的地表生态，用“贫瘠”二字形容都觉得远远不够。

“是什么样的神奇力量，让这样的土地，长出参天大树，还有了茫茫林海的丰饶景象？”孙兰兰和其他记者一起，寻找着答案。

“一是塞罕坝人的坚韧不拔。如果没有创业者们不计回报的坚持，没有第二代、第三代无怨无悔的坚守，就不会有今天的塞罕坝。二是科学的态度。塞罕坝人始终很冷静，他们并不是随随便便要去征服一块不毛之地，而是找到了树木可以存活的证据，摸索出一整套造林护林的有效办法。”孙兰兰是这样总结的。

郭洁说，从一片荒漠变成百万亩林海，很难想象都经历了怎样的艰难时光。气候条件极端，干旱、高寒、高海拔，住窝棚，吃难以下咽的食物，369 名创业者就这样白手起家，最终创造了世界上最大的人工林，“这里诠释了什么叫艰苦奋斗，他们拥有真正的艰苦奋斗精神”。

“艰苦奋斗”这四个字看起来简单，却有着千钧的重量。

《人民日报》评论部编辑李斌认为，塞罕坝的奇迹，从生态上说是生态修复的奇迹，从精神上说是不负使命的奇迹，“人都是理性的。支撑一个人敢于吃苦、肯于吃苦的，肯定是比物质享受、身体舒服更高层次的精神满足。所有的坚持和付出，都是因为有信念有信仰。塞罕坝人的精神满足，就是完成国家赋予的神圣使命，就是为了让子孙后代更幸福，让他人更幸福”。

“对好日子的渴望，对努力奋斗过后获得精神满足的渴望，是人类永不过时的追求。这么说来，艰苦奋斗的精神对任何时代都意义重大。”郭洁说。

正是因为艰苦奋斗，塞罕坝才拥有了如今动人的面貌、可人的容颜，才值得人们一遍又一遍地去亲近、去品读。

在李斌看来，塞罕坝人对树木有着特殊的感情，只有彻底认同了绿色发展理念，真心参与过绿色发展实践，才会有如此深刻的感情。他们视每一棵树如生命。塞罕坝的成功至少说明，生态修复不是梦。环境再恶劣，只要坚定决心、持续实干苦干，再用上科学方法，就可以实现沙漠变绿洲。

“在塞罕坝，我体会到了什么叫生态和谐、人与自然的和谐，感受到什么是天人合一，明白了山水林田湖草沙真的是一个生命共同体。”侯雪静说。

一片叶子的重量

去还是不去，不是一个问题。关键是怎么去。

那两年，盛阿伟从家乡浙江出发，到贵州、四川、湖南三地就有二十多次。其中有一回出门一周，坐了五趟飞机、四趟动车。这感觉有点像商务人士的节奏。其实，盛阿伟是个农民，准确地说，是个茶农。他在浙江省湖州市安吉县溪龙乡黄杜村种茶。这里是他的家，属于安吉白茶核心产区。

2018 年，作为村党总支书记，盛阿伟领着村上的其他 19 名党员干了一件大事。他们自发给习近平总书记写信，汇报村里种植白茶致富的情况，提出捐赠 1500 万株“白叶一号”茶苗帮助贫困地区群众脱贫，并承诺包种包销，不种活不放手，不脱贫不放手。

当年的 7 月 6 日，新华社播发消息，习近平总书记对他们提出向贫困地区捐赠白茶苗一事作出重要指示强调：“‘吃水不忘挖井人，致富不忘党的恩’，这句话讲得很好。增强饮水思源、不忘党恩的意识，弘扬为党分忧、先富帮后富的精神，对于打赢脱贫攻坚战很有意义。”

山区茶农写封信，总书记有回音，盛阿伟说自己当时的第一反应是：没想到！没想到！转而心里不停地念叨：说到做到！说到做到！

湖南省古丈县、四川省青川县和贵州省普安县、沿河县等三省四县的 34 个建档立卡贫困村，被确定为受捐对象。

盛阿伟迅速将自己的时间调整为“黄杜 +”模式。这四个地名他以前都没有怎么在意过，如今一直在脑海里盘旋，还扎下根。他和村上的种茶能手逐个登门，跟当地的种茶贫困户一起蹲在田间地头，“现场教学”，怎么栽种，怎么管护。即使人在黄杜，还记挂着这些茶苗是不是要除草了，要施肥了，要修枝了……

“好像是闺女出嫁到外地，离家很远，心里老是在想。”他笑着说。

1963 年出生的盛阿伟，后来荣获“全国优秀共产党员”称号，是北京 2022 年冬奥会火炬手，还在开幕式上国旗入场环节传递国旗。

这个人，身上有一股清秀气。如果没有话头，他就坐着，很安静，不显山，不露水。有了话头，一拧开，不说透，不罢休。

2020 年 3 月初，捐赠到三省四县的茶苗迎来第一个茶季。想想这事，盛阿伟就有点兴奋。远嫁出门的茶苗，初次产新茶，是大喜事。作为“娘家人”，自然要到现场见证这个神圣时刻。再说了，安吉白茶是很娇嫩的，采摘讲究，采不好，好茶也好不了。加工也是个技术活，要抢时间，不到现场不放心。

当时新冠肺炎疫情防控正处于吃劲的关键阶段，出行是个大问题。坐飞机、坐高铁？有点不踏实。思来想去，决定租车到普安。这一趟，路迢迢，单程 2000 公里，热水瓶、方便面随身带，一辆车请了俩司机。3 月 3 日凌晨 5 点左右出发，一路往前赶。开水用完了，没想到高速路上的服务区也关门了。那就干渴着。4 日凌晨 1 点，在贵阳下高速，大家都乏了，就在路边找个旅店，休息 4 个小时。9 点左右，抵达普安。核酸检测，正常。

3 月 5 日 17 时 30 分许，在普安县，第一杯“白叶一号”扶贫茶端到盛阿伟手里。他扯下口罩，双手在衣服上擦了擦，接过玻璃杯，轻轻举起，看了看汤色，闻了闻，笑意漾了出来，“香气还是比较好的，你闻一下！……这是三省四县第一杯，一个小的成果……那个话是怎么说的？……心里一块大石头落地了”。

一

“一片叶子富了一方百姓”：“黄杜故事”的鲜明主题

为何要给贫困地区捐苗？黄杜人的回答很干脆：我们太知道穷的滋味了。

20 世纪八九十年代的黄杜村，“村没有村的样子”。这么说，黄杜人并不觉得有什么不妥或冒犯。他们自己也打趣说，当时看新闻，经常有“改革的春风”吹到哪里、哪里变富裕了的说法，“大家就不明白了，怎么这么巧，这个‘春风’偏偏绕开了我们黄杜”。

此时的黄杜，还是一个躲在群山旮旯里的小村落，人均耕地 1.1 亩、林地 3.3 亩、荒地 4.3 亩。人盯着这么一些不成气候的土地，没脾气。土地无言，不待见人。人跟土地就这么僵持着。当时，黄杜人均收入“低于全省全县平均水平，属典型贫困村”。

黄杜人对脚下的这片土地颇有微词。钟玉英姑姑家住在山里，去一趟抄近道要走山路，弯弯曲曲的，碰到下雨，脚下不是打滑，就是让黄泥给黏住了。有一回，丈夫杨学其边甩鞋上的泥巴，边耍上臭脾气：你姑姑家，今后不来了！

对黄杜的黄土有意见的，还有李粉英。她的娘家在天子湖镇，当时大家都说这里是安吉的“北大荒”。听说她要嫁到黄杜村，知道“行情”的人好言相劝，那里比“北大荒”还要“荒”。李粉英执拗，还是嫁过来了。慢慢她发现不管怎么折腾，日子还是一个马马虎虎。她有点急了，“当时我就说气话，黄杜这个地方，没救了，只有黄泥巴。除非黄泥巴值钱了，这个地方才富得起来”。

多年以后，李粉英无法回想起自己根据什么理由说出这番“气话”的。歪打正着，她还真是说到点子上了。黄杜的泥巴确实“值钱”了。

当地农技人员刘益民和黄杜村种植能手盛振乾，在50公里开外的安吉县天荒坪镇横坑坞自然村发现一株野茶树。这茶树生长在海拔800米左右的山谷里，平时都是绿油油的，到了茶季，叶子转为玉白色。摘下稍作加工，喝起来口感很特别。过了茶季，叶子又变魔术般返绿了。

他们来了兴趣，要好好研究一下。这茶树也开花，却不怎么结籽。即便结籽了，播种，等长大，到了茶季，叶子还是白不了，“泯然众人矣”。

播种不行，他们就进行扦插培育。由枝条育茶苗，从茶苗到茶树，再在茶树上采茶叶，这个过程，曲曲折折，漫长而繁复。两位老党员心怀希望，耐心守望。他们摸索出一个朴素的道理：黄杜的土，适合种植这个茶。所谓“适地适树”，同样的道理，“适地适茶”。

黄杜人的生活，开启一扇新的门。

茶苗由一而百千万，“飞入寻常百姓家”，需要强力推一把。

1995年10月，叶海珍出任溪龙乡乡长。她是安吉人，熟悉这片土地；32岁，人这一辈子的黄金期，正值干事创业的年纪；党龄10年，知道自己身上肩负的职责；个性上，天生遇事风风火火。这些因素聚合在一起，共同作用，给叶海珍以向前的驱动力。

她到盛振乾家走访，接过一杯茶，看了看，汤色清亮，品了品，口感鲜爽，太不一般！黄杜的土，竟然有这个能耐？正在为如何改善百姓生活发愁的叶海珍，冒出一个念头：何不打造千亩茶叶基地？

她要在一片叶子上使力气。

时常眉头微锁的叶海珍，心里的算盘哗啦哗啦响：要打造千亩茶叶基地，茶苗从哪里来？资金从哪里来？谁来种？谁来进行技术指导？市场怎么解决？

这就像是一张考卷，全是问答题。

那就一个一个攻下来！

比如说，“谁来种”的问题，答案自然是溪龙的父老乡亲了。而且，这千亩白茶基地，核心区域在黄杜村。黄杜人就得行动起来。

黄杜人听了，心里没底：茶叶，不就是树叶吗？到山上顺手采一把野茶叶，就可以喝了。靠卖树叶过生活，不靠谱吧！

还有这么一个说法：在黄杜种茶叶，有“三高”，种植成本高、技术要求高、失败概率高。这是“富贵病”，普通老百姓消受不起。

这时需要有人出来领头，做个榜样。

安吉白茶这出大戏，轮到盛阿林登场了。

1946年出生的盛阿林，脸上有一道一道的沟壑，不染发，没有什么白发，也不掉发，一根一根的，倔。当年他刚当上黄杜的村支书，其他村的人见着了，说了一句：黄杜怎么选了这么一个人当书记？太难看了！这事他一直记着，说起时摸着脑袋，从前额一路顺到后脑勺。“很惭愧的，生得不漂亮。唉！”

2018年3月，溪龙乡授予盛阿林2017年度中国·安吉白茶小镇“最美党员”荣誉称号。

当时，叶海珍跟盛阿林说了自己的打算。希望他能带个头种茶叶。盛阿林满口答应。“村干部是有工资的。给一块钱，就要干三块钱的事。我是个村支书，遇事不打头阵，让谁去！当时我就想，晚上不睡觉也要把这个茶叶搞起来！”盛阿林说话的中气依然很足。

村干部带头，这事有戏。黄杜人的心气儿提起来了。关键节点上，叶海珍再加一把火，出台政策，种茶叶，有奖励：连片种植面积达到 3 至 5 亩，每亩补助 30 元。这是打底的，种植面积往上走，补助跟着上。

为了摆脱贫困，为了自己过上美好生活，黄杜人在行动。

“干部带头、以点示范、科技指导、政策扶持”，一套严密的“组合拳”，让黄杜的白茶产业蓬勃起来。

关爱的目光，为黄杜的白茶产业“护航”。

2003 年 4 月 9 日，时任浙江省委书记的习近平同志沿着泥巴路走进黄杜的茶园，询问白茶推广种植情况——白茶是怎么引进的，怎么扦插、采集、加工，销售情况如何。当得知由于种植白茶当地百姓普遍过上了好日子时，他给予充分肯定：一片叶子富了一方百姓。

是赞许，也是激励。一片叶子被注入了新能量。

第二天的《浙江日报》，头版头条刊发报道：习近平沿途考察安吉竹种园、中国竹子博览园，天荒坪镇和递铺镇的生态建设，溪龙乡的无公害白茶基地等，“一路翠竹绵延不绝，茶园满目葱茏。习近平称赞这里山清水秀，植被相连，自然资源丰富，生态环境良好，推进生态县建设前景广阔，大有可为”。

黄杜人明白了，土地是“根”，环境是“本”，要守好，要用好。

安吉白茶步入跨越式发展的轨道，政府注册“白茶之乡”品牌，免费培训茶农，拓展出茶文化、茶工艺、茶食品等白茶产业链。黄杜人从中受益。

随即，浙江启动“千村示范、万村整治”工程，“八八战略”中也提出要创建生态省，打造“绿色浙江”。这些政策红利，黄杜人都握紧了，谋发展更有底气。

2005 年 8 月 15 日，习近平同志来到安吉县天荒坪镇余村调研，首次提出“绿水青山就是金山银山”。35 公里开外的黄杜人，听闻了“余村之变”，再想想自己正在走的路，信心更足了。他们守护绿水青山，用心保护环境、善待生态，让“美丽黄杜”可持续。

黄杜就像一个宠儿，沐浴着温暖。

如今，黄杜人的日子怎么样？用他们的话说，日子不只是“小康”了，早就是“老康”了。这话是不是夸张，看看黄杜农家小院子里停的车就知道了。每家都有一辆小汽车，还有一辆运输车。有的人家还有好几辆小汽车，你开你的，我开我的。路过一家，当地朋友往院子里一指：看见没，就是那辆，是整个安吉最早买这款车的。有人说，把黄杜人开的车摆出来，撑得起一个小型汽车展销会。大体不差。

行走在当今的黄杜，时不时要定定神的，想想自己到底身处何方。是农村，还是景区？是茶叶生产制作区，还是茶叶集市？都是的，可谓“亦农亦工亦商亦景区”。电视剧《如意》讲述的是江南茶商的故事，成片的、有声势的茶园是取景的“刚需”。剧组转了一大圈，举棋落子在黄杜。

电视剧拍好了，剧组撤离了，黄杜的风景却不寂寞。酒店行业钟情这片浓浓的绿。上海景域（驴妈妈）集团创始人洪清华一直想找个合适的地方，打造一家富有本真、自然特色的酒店，“客人可以完全放松自己，忘记喧嚣，找到自在的生活状态”。走南闯北，一路寻觅，无声无息。当他站在黄杜村延绵的茶山上，第一个念头是赶紧搭个棚、架张床住下来。脑海中构想了多少遍的酒店，终于有了落地的土壤。

穿过这家与自然环境融于一体的“帐篷客·溪龙茶谷度假酒店”往山上走，就是黄杜万亩茶园观景平台。非茶季时节，这里满眼的绿。这绿，透亮而安静，顺着山坡，起起伏伏，踩着大自然设定的节拍，欢快地向外铺排。

山顶上的这块平地，是“黄杜故事”的一个支点，也是一个会合点。

这里立着一块石碑，雄伟，厚实。上边镌刻着“一片叶子富了一方百姓”10 个大字，行楷，透红，拙朴，挺拔，自有一种威严与伟岸。

这块石碑，是“黄杜故事”的核心主题，也就是内在的“魂”。

石碑的对面，是一棵铜铁浇筑的大树，有着枝繁叶茂的样态，每一片叶子上都是感恩的寄语，感恩的对象有祖国、父母、老师、爱人、朋友，还有大自然，更多的是共产党……

这棵“感恩树”的边上，立着一块标牌：“山感地恩，方成其高峻；海感溪恩，方成其博大；天感鸟恩，方成其壮阔。树高千尺，而不忘其根，人若辉煌，不可忘本，不忘初心，方得始终。”

“感恩”二字，是推动“黄杜故事”向深处开掘的关键词。

二

“一片叶子再富一方百姓”：“美好生活”往前一步是“美丽心灵”

黄杜人的日子过得殷实、富足，他们按照自己的节奏，往前走。

2018 年初，溪龙乡党委提出，大家都来想一想：“我们有今天，靠谁？我们富裕了，该做什么？”这问得严肃，也问得及时。

盛阿伟感觉，这是要大家往回看。他想，现在日子好了，不应该只考虑自己的事，应该帮别人做点什么事。“感恩”二字，从他的脑海里冒了出来。又想，“感恩”要来实在的，喊喊口号不行，开个会讲几句是不够的。再想，全国上下都在忙着脱贫攻坚，黄杜是可以搭把手的。继续想……一个大胆的想法在他的脑海里升腾起来。

他要征求村班子成员的意见。当时临近茶季，大家都在忙。他临时召集班子成员到会议室，都没有坐下来，站着就把向贫困地区捐苗的想法说了说。“行”“可以”“没问题”“同意”“好事情”……大家都投了赞成票。

村委会主任钟玉英一直以来的想法是“占着这个位置，就是要做事情的”。捐苗是为党和国家分忧，一百个同意。

徐正斌、阮波、盛月清都是村党总支委员。学过服装设计的徐正斌说：“在我们黄杜，茶苗就是一点特产，就是手头用用的东西，现在要拿出去一点，帮帮人家，有什么问题？”阮波感觉捐苗就是一个举手之劳的事，“是在帮助别人，也是在成就自己”。盛月清态度明确，“先富帮后富是个很简单的道理”。

村委会委员刘炜是个“90后”，见人有几分羞涩。听了捐苗的提议，他感到很新鲜，“以前大多是捐款，捐了就完事了。现在说要捐苗，还要帮到底，很有创意”。

盛阿伟是个办事周全的人。班子成员同意了，还要问问村上党员代表的意见。他和班子成员一口气请来14位党员，听听大家怎么说。

话音刚落定，叫好声跃起。

老书记盛阿林表态，“这个事，很好的”。他回忆自己当时还叮嘱了一句，“说出去的话，要算数的”。

老党员丁强激情犹在：“我们以前的日子过不好，这个茶叶让我们过好了，也要让别人过好。捐苗，同意！”

当年68岁的徐有福的想法同样朴素：现在日子好了，捐点苗帮帮人家，还有什么话可说？

比他大了两岁的盛德林，茶园里的事都交给儿子了。小儿子盛河勇是退伍军人，参加过1999年天安门广场国庆阅兵。家里捐点苗没问题。

盛红兵、盛永强、阮安丰都是退伍军人，都是在部队加入的党组织。盛红兵性格直爽，“肯定同意，要不然对不住家门口那块‘光荣之家’的牌子”。盛永强说话不紧不慢：“村里号召，当然要尽自己的义务，这又是力所能及的事，捐！”阮安丰想起当年一位乞讨的大爷伸手向他要一块钱他竟然掏不出来的往事，再想想自己给自家茶场取名“葡茗”寓意喝茶就像吃葡萄一样甜，不由得撂下一句话：“要我捐多少苗，就捐多少苗！”

张根才担任过村委会主任，看问题有高度，“党员，就是先进一点，思想好一点，勤快一点。组织上提出捐苗，这是做好事，要支持的”。

比他年长一岁的丁连春有个比喻，“这个穷，就像一座山，要搬走。我们就来帮忙挑一担”。

在邮政部门上班的黄梅蕾，回忆自己当时的第一反应是“同意”，理由是“助人也是助己”。说话时，家里养的英短蓝猫，在她的脚边转了又转，有些乖巧地寻宠。

如今把黄杜的土当宝贝看待的李粉英，自己做主，认捐30万株。回家跟男人一说，麻烦了。“他跟我喊，你怎么这么抠，就不能多捐一点？”

宋昌美是党的十八大代表，平时就热心公益。她说："捐苗这事，不是钱的事，也不是苗的事，一株苗就是一片心。"

叶兢君家在种茶的起步阶段，宋昌美曾经"雪中送炭"。现在村里号召共同来帮助别人一把，他自然愿意。这个熟悉互联网金融的"90后"，想得更远：捐茶苗只是第一步，还要帮人家种好、卖好。

叶兢君毕业于宁波工程学院，贾伟的母校是浙江师范大学。他们在外打拼一阵，不约而同选择返乡创业。听了村里有向贫困地区捐苗的设想，贾伟感到很惊讶，很自豪，"我们黄杜的'村格'一下子提升了好几个档次"。他说，以前的黄杜人想的可能都是自己的"一亩三分地"，往往是邻居家有个事，就去帮个忙。现在不一样了，他们想的是国家大事，"太有想象力了"！

黄杜的20名党员代表，捧着初心，集结完毕。

为了脱贫攻坚，为了他人也过上美好生活，黄杜人再行动。

"一片叶子再富一方百姓"，新时代为这片叶子再次注入新能量。

黄杜人心中的鼓点，咚咚咚，密实，嘹亮。

要捐苗，先育苗。育苗，育好苗。捐苗，捐壮苗。一般的商品苗高8厘米就可以了，黄杜捐赠的"白叶一号"，苗高都在15厘米以上，一株是一株，都好好的、胖胖的。丁强选苗时很严格，"这个不能打折的，保质保量，要是给退回来了，名声都坏掉了"。不过，再好的苗也有个存活率的问题。黄杜人承诺捐赠1500万株，他们在育苗时留出300万株的富余量，作为备用苗。

2018年10月18日，"扶贫苗"启运。茶苗怕挤压，黄杜人用竹脚手架隔出空间，让茶苗能伸胳膊伸腿。茶苗不耐高温，黄杜人租用冷藏车，确保车厢温度维持在7摄氏度左右。运苗车要出发了，黄杜人挥了挥手，心里在说：走吧，走吧……

黄杜人一心把这些茶苗当远嫁的闺女看待。他们把三省四县的“婆家人”请上门，说说这些茶苗是个什么脾气，一日三餐有什么讲究，有个头痛脑热怎么办。他们组建“帮扶技术团”，到三省四县的茶园现场，看看“闺女”的生活环境怎么样。茶苗间距多少合适，施肥、除草要注意哪些问题……手把手培训，点对点帮扶。盛阿伟和钟玉英事务繁重，依然去了一趟又一趟。这还不够，盛阿伟把弟弟盛志勇拉进帮扶队伍，钟玉英派出的是丈夫杨学其。

盛志勇说，每到一个地方，大家都是“满口感谢”，自己很感动，有多大的力就使多大的力。在青川，杨学其的中耳炎发作，他扛下来了。儿子杨旭飞在老家茶山上干活时出了意外住院手术，他含泪给儿子打电话：你是当过兵的，要扛住！

黄杜人“背井离乡”，吃不惯、住不惯，待上十天八天的，甚至一个月，就习惯了，扛过去了。他们跟三省四县“走亲戚”，大家坐在火炉边，蹲在茶苗旁，聊茶苗的事，也聊心事。

他们说：我们也穷过的。我们那边是“七山一水两分田”，就那“两分田”，我们以前抢着种板栗，收成不行。换！种杨梅，卖不出去。辣椒总可以吧？还是一个白忙乎。听说种菊花不错，那就再试试。

他们说：反正我们就是停不下来了，总是在那里折腾，想办法，不是说算了吧，横竖是个穷命。不是的。大家心里想的是，横竖要过上好日子！碰上这个茶叶，我们的劲头就用上了。

他们说：心里提着一口气，没有成不了的事。

他们说：我们可以，你们也可以。

黄杜人捐苗护苗，黄杜人掏心掏肺。

这些茶苗的“婆家人”心存敬意：这群浙江人，到底是一些什么人？

青川县受益的茶农，给黄杜人送来几个大字，“一片感恩叶，携手奔小康”。下方写着他们的姓名，密密麻麻，每个名字上都有他们按下的红手印。鲜艳的红，跃动的心。

这茶苗，有能耐，预计带动三省四县 1862 户 5839 名建档立卡贫困人口增收脱贫。这茶苗，像一粒粒小石块，激起一池活水。

“‘白叶一号’就是一只‘金鸡’，你把它抱回来，种下去就会下‘金蛋’。”古丈县默戎镇翁草村第一书记欧三任说，通过种植“白叶一号”，村里正在把山、风、林、水、溪、田和苗族文化等各种资源整合在一起，在茶旅融合上做文章。

黄杜人将心托付，更多人以情相随。

安吉人陈群在贵州省余庆县经营茶山。听说老家要给普安县捐茶苗，当即派出 11 位技术人员，驱车 400 多公里，加入帮扶队伍，耗时一周有余，花销他个人承担。

耳闻沿河县需要制茶设备，安吉元丰茶叶机械有限公司二话没说，一步到位，31 组成建制的产品直接提货。

中国农业科学院茶叶研究所与黄杜村结对共建党支部已经十几年，彼此很默契了。他们跟着茶苗走，“白叶一号”种到哪里，技术支持配套送达。

浙江茶叶集团也承诺“白叶一号”捐到哪里，加工、品牌、承销就跟到哪里。

他们以实际行动让自己成为“黄杜人”。

3 月 5 日，黄杜人盛阿伟在普安喝的那杯茶，有个美丽的名字，叫“携茶”。携手的“携”，音同协作的“协”、和谐的“谐”。

当年 5 月，来自青川的徐萍代表，将“携茶”带到了全国两会上。

茶叶的小纸袋上，写有七个字，“一芽一叶总关情”。

附

在普安寻访“白茶姑娘”

2020年8月中旬，从北京大兴机场出发，飞抵贵阳龙洞堡机场，当地的同学杨德智听说我马上就要转乘高铁去黔西南州普安县，直接问了一句：你去那里是不是要采访那个茶苗？

高铁普安县站其实设在六盘水市的盘州境内，距离普安县城有40分钟左右的车程。好不容易遇上了一辆出租车，开车的是一位女士，白色花纹长手套把胳膊都裹住了，帽子和口罩都戴得严实，整个脸庞只露出一双有神的眼睛。在车上刚闲聊了几句，她朝坐在后座上的我看了一眼：你是到我们普安看“白叶一号”的吧？

刚进普安县城，在山脚，就着山体的水泥斜面，写有巨幅标语——“‘白叶一号’走进古茶树之乡”。

一

“到那时候，就像宋丹丹在小品里说的，‘那场面’……”

“白叶一号”原产地在浙江省湖州市安吉县。这片叶子，富了一方百姓。2018年4月，安吉县溪龙乡黄杜村20名农民党员给习近平总书记写信，汇报种植白茶致富的情况，提出愿意捐赠1500万株茶苗帮助贫困地区群众脱贫。习近平总书记作出重要指示，对他们的做法给予充分肯定。

最终确定的受捐地区就有普安县。当年10月，“白叶一号”来到这里安家，共计2000亩。2020年3月，头茶已经开采。

在宾馆，见着了黄杜茶农盛志勇和盛敏凡。黄杜人承诺“不种活不放手，不脱贫不放手”。为了这句诺言，黄杜选派种茶能手，组建“技术帮扶队”。他们俩就是其中的成员。

“我们现在一个月的时间大致是这么分配的，贵州的普安、沿河，湖南的古丈，每一个‘点上’分别是一周左右时间，回安吉老家休整一个星期，再出发，又是一个循环。”盛志勇说。年届五旬的他严肃起来说话滴水不漏，有时又喜欢说笑，旁边的人还没有反应过来，自己早就乐开了。

加上四川的青川县，“白叶一号”共在三省四县落地。在盛志勇那里，这四县就是四个“点上”，而每一个“点上”又可以再细分，比如普安这个“点上”又具体分为两个“点上”。

第二天一大早，我们一起出发，前往地瓜镇屯上村这个“点上”。在路上，“70后”盛敏凡说这个茶苗感觉就像是“远嫁”的闺女，隔段时间没有来看看长势，心里还挺想念的。

记得茶文化学者、作家王旭烽说过，“白叶一号”属于“山村秀女型茶树”，如果要找个形象代言人，张艺谋电影《山楂树之恋》中的静秋比较合适。

盛志勇说，黄杜人给自家茶场取名字，往往用的就是姑娘的名字。比如有个种茶大户叫薛勇，姑娘的名字叫“雅思”，自家茶场就取名“雅思茶场”。

原因是叫着顺口、亲切，也是黄杜人心情的写照：像疼爱自家姑娘一样关心着这片叶子的冷暖。

这样的聊天不一会儿就中断了。车辆驶出县城，主旋律就是“拐弯—再拐弯—又拐弯—还拐弯”，一个接一个，密集又突兀，不太预留喘息的空隙，让人的眩晕感陡然加深。这时，切身的体会是，汽车座位上方把手的设计太有必要了。

“拐弯进行曲”持续进入高潮，心想应该收尾、作结了吧。问司机师傅是不是快到目的地了，得到的回复是：不着急，这只是个开始。

“弘扬中华美德，援手扶贫帮困。”“先富帮后富，白茶来相助。”“种好普安‘白叶一号’，步入脱贫快速通道。”尽管这些标语的具体内容是回程时停车逐一记录下来的，但它们从车窗一晃而过，就意味着“白叶一号”的安家处终于要到了。

车辆驶入“感恩茶园基地”，道路是簇新的，平坦而开阔。远处的山上，人影点点，正在劳作。盛志勇说，到了松土、除草的时候了。

车子停下，喝了口水，稳了稳心神，紧跟着两个黄杜人的步伐，来到茶苗跟前。一眼望去，茶苗高矮有别，但都是绿油油的，摸摸叶片有肉感，闻闻有清香，每一株都显精神，有着往上蹿的生命活力。

“这苗，一看就是时间上跟得牢，在管护上用心了。要给你一个大大的赞！”盛志勇拍了拍蒋成勇的肩膀。

这感觉，就像是眼见闺女在婆家生活还不错，心情大好。

蒋成勇是屯上村村委会主任。他们俩互称“勇哥”，已经是老朋友了。

“有人说，种茶是三分种、七分管，我看是一分种、九分管。管护到位，茶苗长势就好。”盛敏凡接过话头，蹲下身来，拔了拔一株茶苗边的青草。

“这茶苗要是种不好，别的不说，最起码也对不住你们两位老兄一趟一趟地跑。”蒋成勇说。

屯上人记得，茶苗是2018年10月22日种下的，运苗的卡车还是北京的牌照。

盛志勇胳膊上让小蜜蜂给蜇了一下，一团红。蒋成勇拿着矿泉水帮他冲一冲，不禁打趣：“我们这里的小蜜蜂，是在欢迎你这个外地人。”

大家一阵笑。

正在松土的茶农，拾起茶苗边上的小石块，往外扔。盛敏凡差点喊了起来，“石头不用扔，茶苗是要石头的”。

他说，茶苗根部的土壤容易板结，周边有了小石块，就可以透气了。陆羽的《茶经》就是在湖州写的，里边说好的茶叶都是在石头缝里长出来的。

后来查了一下，《茶经》上是这么说的：“上者生烂石，中者生砾壤，下者生黄土。”

普安县设有茶叶发展中心，简称“茶办”，这个机构在乡镇上都派驻了技术人员。罗富、罗其林两位，就派驻在地瓜镇。

他们正在随机选定一些茶树，进行测量和观察，具体内容包括新梢长度、棚面高度、棚面直径、叶面健康程度、病虫害危害程度等信息，一一记录在案。

既然是随机选定，就要有个记号。原来他们用的是塑料小环，轻轻套在茶苗上。风吹日晒，塑料小环扛不住。这次换了包塑铁丝，可是有点偏绿色，套在茶苗上不太好找。罗富有点自责：“怎么没想到换个别的颜色？红色就挺好的。”

他们俩在忙乎。旁边树上，有蝉在叫，声音锋利、绵长，嘎嘣脆，有点不管不顾的莽撞，似乎准备好了要冲出去，试图撞破一点什么。

盛敏凡笑着说，这里空气好，蝉的“肺活量”大，叫起来比别的地方要响。

这个“点上”是1500亩。蒋成勇说，“白叶一号”到来之前，这里是一片荒山，草比人高，都是“毛路”。现在“白叶一号”来了，山顶上又有风力发电塔，每年四月份，边上有满山的野生大叶杜鹃，“我跟你说，那个景，美得很”。

盛敏凡从手机里翻出自己拍摄过的大叶杜鹃。这花，确实开得痛痛快快，大手大脚，不管是颜色还是造型，都很有排场。

上车往回走，路旁立着一个牌子，上边有两行字：“感恩白茶请勿采，来年致富新穿戴。”

一路上，盛敏凡在展望未来：“这个‘点上’要是一直能保持这个态势，再过个几年进入丰产期，到那时候，就像宋丹丹在小品里说的，‘那场面’……”

二

“下一层乱糟糟的，是茶苗来之前的。上一层又亮又大，是茶苗来了之后的”

“白叶一号”来到屯上村，谭化爱吃上了“茶叶饭”。

谭化爱的家在屯上村磨寨河组，两口子牵着一头黄牛，赶集刚回来。

小黄牛十个月大，已经很健壮了。这里买卖黄牛，要么一口价，直接成交，要么过秤，按斤两计。谭化爱说，价钱谈不好，就回家了。

丈夫刘礼付腿有残疾，行动不便。以前家里就零星养点牛羊，种点玉米、水稻，一年忙碌下来，日子紧巴巴的。

他们所住的房子，挨着牛圈，养着鸭子。房间里的土豆都已经开始腐烂了。厨房墙壁上的报纸，已经给熏得黑乎乎一片。

两口子都是1974年生人。生活重担压下来，让他们的样子有着超出年龄的沉重。

眼下，两个儿子都二十多岁了，到了娶媳妇的年纪。这是大事，结婚的房子怎么着也要像模像样吧。可是家里的房子还是十几年前建的，没有钱检修，更别说装修了。

茶苗来了，转机来了。

他们家的7亩荒山被茶园征用，每亩每年有200元的流转费。

后来开荒种茶，谭化爱跟着上工，还被聘请为管护人员。家里的日子有了新的起色：每个月看护收入是2100多元，今年涨到3000元。刘礼付在茶园力所能及打点零工，一天是100元。

“竟然在家门口领上了工资！”谭化爱没想到有这样的日子。她当天去赶集，是专门请了假的。

这个一看就是厚道的农家女子，说有了收入，自己的胆子就大起来了。

他们在原来的平房上边再起了一层。房子的二层，五室一厅一厨一卫，粉刷一新，铺上了瓷砖，地面光滑无痕，就连窗户也有了清晰的投影。

刘礼付算了一下，盖这个二层，花费了十二三万元，其中白茶基地上的收入有七八万元。

“我们家很明显，下一层乱糟糟的，是茶苗来之前的。上一层又亮又大，是茶苗来了之后的。”他说。

普安县有个风俗，贴春联，房前屋后，大门、小门、窗户都要贴，尺寸大小依次递减。谭化爱说，前几年，老刘贴对联时有点意见，毕竟这也是一笔开销。这年春节，这人买对联、贴对联都积极多了。

“喜迎新春福门开，欢度佳节好运来。”这是其中的一副对联。

刘礼付还重新养起画眉来。他把乳酸菌饮品的塑料小瓶挖个洞，用铁丝拴在鸟笼里，作为饮水池。

他吹起口哨，画眉听闻指令，马上开启鸣叫模式，清脆的声音，带着节奏与韵律。老刘听了，笑得像花一样。

此时，他身上的沉重卸下不少。

盛志勇在一旁看着，也笑得开心。

三

“小康，伴苗而生”

第二天早上再出发，前往位于白沙乡卡塘村的另一个“点上”。

车子出县城，走的是不同的方向，但“拐弯—再拐弯—又拐弯—还拐弯”的旋律没有改变。

盛志勇和盛敏凡已经习惯了这个节奏。这两年，往来多少回，他们对普安的基本情况已经比较熟悉了。路过兴中镇，盛志勇说这个地方原来叫罐子窑镇，后来改名了。看见路旁有“崧岿”二字，感觉新鲜，盛志勇解释说这是寺名，明代的古迹。

在普安县城，他们俩知道哪家宾馆“物美价廉”，还知道这家宾馆某个面向的房间最好是不要住，楼下时常有人跳广场舞，噪音不小。有几个房间正好临近中央空调装置，动静大。他们也清楚街上哪家餐馆比较符合江南人的口味。

“这里的天气，很有意思，飘过一片云，就开始下雨，不闪电，也不打雷，没有这些准备的。”盛志勇说。

冒着小雨，我们来到卡塘村黄河组刘桥良家。妻子有智力障碍，两个孩子一个10岁，一个9岁，刘桥良分别给他们取名刘兵兵、刘将，“有兵有将的意思”。上学期间，兄弟俩都在白沙小学寄宿，周五下午接回家，周日下午送回。

妻子时不时还要离家出走，刘桥良只能随身陪着。一家四口人的开销，都落在他一个人的身上，日子怎么也过不好。家里的床、衣柜、桌子、米缸，这“四件套”都是定点帮扶普安县的公安部配备的。

“白叶一号”来到家附近，刘桥良进入茶园务工，月收入2100元，按时打到银行卡上。他专门办理了手机短信提醒业务，月底等着短信提示工资到账。

他几乎每天都要到茶园转一转，带着手机，选几株茶苗拍特写，通过微信传给村里、乡上、县里的人。

任祥是县茶办派驻白沙乡的技术员，每天都能收到刘桥良传来的茶苗照片，他说这个“情报员”很称职。

50岁刚出头的刘桥良希望两个孩子有出息。刘兵兵四年级期末考试，语文77.5分，数学61分，英语83分，他不太满意，特别是数学，怎么只考了个及格分?

不过，这孩子写字还算认真。刘桥良找来大儿子的作文本，字写得清楚、整洁，还有一点美感。

这篇作文是要写“我敬佩的一个人”，里边有这样的句子：“白衣天使很伟大，是英雄，是白衣天使在前线守护着我们，让我们健健康康地成长。”

这个“点上”的茶苗，也在健康成长。雨中望去，一簇簇小茶苗，正在痛饮雨露，清新可人。

“白叶一号”在这里受到特别的礼遇。

陪伴这些茶苗的，是茶马古道，全国重点文物保护单位。马蹄印里有积水，用手拂去，凹部光滑，有质感。如果说这片大地是一张脸庞，这些马蹄印就是小酒窝，有着天然的美。

旁边立着的一个告示牌上说，对口帮扶普安县的宁波市镇海区，在卡塘村这个“点上”投入东西部协作对口帮扶资金125万元，用于这500亩“白叶一号”茶园的管护，预计后期产生效益之时将覆盖贫困户171户557人。

公安部捐赠5台多旋翼无人机，用于对“白叶一号”茶园开展绿色防控，并计划再投入一笔帮扶资金，支持当地贫困户投身茶产业。

“茶苗好，政策好，人好。”刘桥良一边抹着手臂上的雨水，一边说着“感谢”，眼神里满是诚意。

盛敏凡说，当地老百姓总是握着他们的手，摇啊摇，“满口感谢”，让他们觉得一切的辛苦都是值得的。

前一天晚上，爱人来电话，告诉他家里老人情况不太好。他的父亲82岁，母亲80岁，都患上了尿毒症。每周一三五，两位老人都要到安吉县医院透析。下午五点半从黄杜村出发，六点半开始，十点半结束，到家就是十一点了，风雨无阻，“跟上班一样的”。他在外，这些事都是爱人扛着。

“承诺了的事，就要做好。”盛敏凡面向茶苗，有些羞涩，又很坚定。

从他的家乡浙江安吉远道而来的“白叶一号”，在贵州普安的雨中，踩着欢快的节拍，暗暗生长。

茶园中间有块牌子，绿色的底，白色的字——“小康，伴苗而生”。

把脉江河　默默芬芳

2011年11月3日，青海循化水文站。入冬的黄河上游冷风刺骨，测船上，小伙子吴兴摇着100公斤重的铅鱼，小心地把它浸入水中，准备测量流速。等他直起身来，才发现油污沾了一身。

11月4日，重庆两河水文站。深秋的大山里雾霭重重，正在吃晚饭的站长李峥嵘突然起身，拿上手电筒就去河边观测水位。晚八点，工作时间到了。

11月7日，广西南宁水文站。邕江水面的气温接近30摄氏度，年过五旬的站长韦广龙在测船上熟练地操作着电脑，监测江水的流量。在他的身旁，广西民族大学的学生们正在进行龙舟赛事训练。什么时候举办龙舟赛，韦广龙提供的数据将是重要参考。

11月9日，江西棠荫水文站。风很大，雨在下，个子不高的“80后”站长吴兆福一个人背着下水裤，踩着泥泞，走向湖水中央的水位观测点，一条小狗静静地陪伴着他。

11月11日，山东崂山水库水文站。夕阳下，入口处，镌刻在石墙上的“饮水思源”四个金色大字格外醒目，干了十几年水文工作的站长李振苓自豪地说：“我们要负责市区200多万人的饮水安全。”

看水位、测水量、报水情，日复一日，年复一年。水尺是与他们日夜相伴的知音，小舟是他们抗击洪流的战友，水涨水落牵动着他们的每一根神经。

他们，就是“把脉江河”的水文人。

一

水文人说：“一天一个点，一年一条线”

循化水文站位于青海省海东地区循化撒拉族自治县积石镇东门滩村。站长蓝云龙在这里工作了二三十年，家安在几十里路开外，一年也难得回一趟。今年暑期把儿子接到站上来住，宿舍的墙上还贴着蓝云龙给儿子定下的作息时间表：九点钟起床，十点练琴，十一点练字。

儿子怎么长大的，蓝云龙没有多少印象，他的心思都在水文站上。谈及自己的愿望，他黝黑的脸上有些泛红：“想多拿出一点时间陪陪家人。”他想了想，上一回和妻儿出去旅游，已经是七年前的事了。

在水文站值班室的墙上，贴着一张图，红色的格子上用铅笔细细地画着三条曲线。蓝云龙解释说，这是水位流量关系曲线图，一条代表一年的流速，一条代表一年来河流断面面积，用流速乘以断面面积，就得出一年的流量。每一条线都由 365 个点构成，每一个点都代表了一天测得的数据，每一个数据都要经过初作、初校、复核三道程序。看似简单的一张图纸，却汇集着蓝云龙和同事们整整一年的心血。

循化是全国唯一的撒拉族自治县，海拔 1850 米，在青海省海拔最低，所以蓝云龙基本上不存在高原反应问题，但玛多水文站站长张红兵却没有这么幸运。玛多水文站海拔 4000 多米，高寒缺氧、交通不便、物资匮乏、人员不齐，恶劣的环境始终困扰着张红兵，他却在这里一干就是十几年。

艰苦不只是属于高原地区。位于鄱阳湖腹地的棠荫水文站地处江西省九江市都昌县，从县城出发，驱车一个半小时，到周溪镇虎头下换乘渡船，伴随柴油机“突突突”的声音，40 分钟后才能到达棠荫岛—— 一个四面环水、1998 年才通电的小岛。

为何要把水文站设在这么偏远的地方？鄱阳湖水文局副局长王仕刚说，棠荫岛相当于鄱阳湖的“肚脐眼”，这里提供的数据对全面掌握鄱阳湖流域的变化至关重要。

水文站的老职工熊海在这里工作了二三十个年头。他说“棠荫”其实是“苍蝇”的谐音。因为湖边的苍蝇特别多，夏天吃饭，把白米饭端上桌，人稍微离开一阵子，就会变成黑米饭了。

蛇也来凑热闹。熊海记得，有一回发现房间里盘着一条银环蛇，他赶紧穿上高筒橡胶套鞋，喊起同事，一起把蛇赶跑了。

青岛市城区水文局局长雒义全是基层水文站走出来的，在观测水位时，他还曾跟蛇“对话”：“我是来看水位的，不会伤害到你，你也不要伤害我，好不好？”

与此相比，想家的苦更是熬人。棠荫水文站的吴兆福、熊海、郭章亮的家都在九江市星子县（即现在的庐山市），从站上回趟家都是个“系统工程”：先要赶上早晨八点从岛上到周溪镇虎头下的渡船，再租车去周溪镇，换乘客车往都昌县城，再坐客车到九江市，随后坐客车到星子县城，一个白天的时间都要耗在路上。

这样的情况，青岛市崂山水库水文站的水文人体验不到。这里已经实现了水文观测的全自动化，只要坐在办公室里点点鼠标，基本的水文数据一目了然。不过，在这里工作了三十多年的毕文质大姐还是经历了很多艰辛。有一回，暴雨如注，她要出外观测水位，电闪雷鸣，她看见一个大火球就在眼前，电话也断了，她穿起雨衣就往外跑，整整跑了四里多地，才到镇上的邮局发了电报，把水情报出去。

“一天一个点，一年一条线。”重庆市水文局副局长廖凯鸿引用民谣，形象地画出了“把脉江河”水文人的人生轨迹。

二

村民说：“水文人是鸭子变的吧？”

下雨的时候是工作的时候，大雨的时候是工作最忙的时候，水文人就是这样与众不同。李峥嵘经常被村民的打趣：“你们水文人都是鸭子变的吧？”

早晚八点的水文作业，是雷打不动的，不论刮风下雨，酷暑严寒。在防汛抗旱的关键时刻，为了向政府部门提供最新数据，水文人更要加大观测频率，8 时、11 时、14 时、17 时、20 时、23 时……

“晚上十点多准备睡觉，一看要下雨了，就干脆不睡了，因为等一会儿就要工作了。”在循化水文站，潘祖莹说这是经常的事。

雨中作业，甚至有生命危险。

水文站，都是傍水而建，遇到山洪暴发，别人都跑了，水文人却要坚守。蓝云龙说，山洪来了，从上游会冲下来老树根、房梁，甚至还有牛、羊的尸体。黄河水急，这些漂浮物会冲击测船，甚至会缠住船桨，使测船丧失动力。曾经有同事在测船上被急流掀翻，再也没有回来。

黄河上水急，鄱阳湖上雾大。棠荫水文站的观测点离水文站所在地来回有两个小时的路程。冬季，大雾弥漫，辨不清方向，容易迷路。小伙子郭章亮说，遇上这种大雾天，他们两人一组，一个人去湖中观测水位，另一个人在湖边守着，不停地敲着搪瓷脸盆，好让同事顺着声音回到岸上。

慢慢有了经验，他们会留意自己的脚印，跟着脚印一路回来。湖草疯长，容易藏蛇，所以穿套鞋出外作业是纪律，“这是安全生产的重要内容”，站长吴兆福严肃地说。

棠荫水文人的必备工具是套鞋，崂山水文人则要多准备几块手机电池。

毕文刚是个临时工，但工作起来也有板有眼。他印象深刻的是在2005年“麦莎”台风期间，水库水位1小时就上涨了1.5米。毕文刚穿着雨衣，拿着手电，一直蹲在水尺的旁边，每6分钟用手机上报一次水位，顾不得此时野外通话有生命危险，一蹲就是五六个小时，事先准备的三块手机电池中两块已经耗光了电量。

女站长李峥嵘和李振苓尽管没有过这样的遭遇，但内心的酸楚并不少。

“低水位的时候，需要蹚水到河中间去观测。观测点旁边就是茅厕，气味不好闻，但没有办法。”李峥嵘戴着眼镜，全身透着质朴与干练。

李峥嵘全家都成了水文站的“编外人员”，老公公、丈夫、儿子都会进行简单的水文作业。儿子是由父母带大的，上学是寄宿的，偶尔回家，李峥嵘都来不及给儿子做点好吃的。

谈及孩子，李振苓也满怀歉意。她和丈夫都是水文人，女儿宫梦骄小时候养成一个习惯，每天晚上6点50分准时收看山东卫视的天气预报节目。如果听到要下雨，女儿就不高兴了：“妈妈，要下雨了，爸爸妈妈要上班了，没人跟我玩了……”说到这里，李振苓停了停，有些哽咽，“每次听到她这么说，心里挺难受的”。

三

孩子说：“发大水的时候，我爸爸能上电视”

“水文是国民经济和社会发展的一项重要基础性、公益性事业。”广西壮族自治区水文局会议室里的纸巾盒上，写着这样一句话。

南宁水文站职工劳高尚的儿子2011年上初二，恐怕还难以理解这句话的意义，但是，他知道父亲的工作很重要。“同学问，你爸爸是干什么工作的？他说，发大水的时候，我爸爸能上电视。”

每到下雨涨水时，劳高尚所在单位的值班电话俨然成了热线。站长韦广龙是一位壮族同胞，手机每天能接到30多个电话，都是来询问水位的，“附近的渔民打电话来问，水到多少米了？家里的鱼塘会被淹不？下游的三家水厂，每个小时都会打来电话问情况，因为他们要根据水位的涨落调整水泵的高度，确保供水稳定。”

吴兆福是个“80后”，在拥有700多人的棠荫村，他却是村民家宴和酒席的贵宾，“谁家有个喜事，都会来请我，坐在村支书旁边”。他憨厚地笑了笑，嘴角向上翘，露出洁白的牙齿。

熊海也很享受这种感觉。“路上遇到村里人，都会主动跟我们打招呼，没时间做饭了，临时去村民家吃，总会加几个好菜招待我们。”

在南宁，自治区水文局副局长韦定国介绍说，2008年6月7日，一辆装有33.6吨粗酚的槽罐车在云南省富宁县发生翻车事故，大量粗酚液体流入者桑河，并向下游的广西百色水库方向扩散，威胁数座城市的供水安全。广西水文人立即开展工作，对水情进行准确分析，为相关部门采取应对措施赢得时间。

对于荣誉，水文人很是珍惜。在两河水文站，李峥嵘将一张照片摆在办公室的显要位置，那是她获得“第四届全国优秀基层水文职工”称号时与水利部有关领导的合影。

四

鹩哥说：“小郭，测流！”

距离棠荫水文站 2.5 公里处有一座蛇山岛，上边建有一座水量水质水生态自动监测站。这里也是棠荫水文人工作的地方。

在监测站的办公桌上，放着一本 2011 年第 2 期的《江河潮》。在这本水文人自己的杂志上，记录了棠荫水文站王平的一段话：“最难忘的还是每年汛期最紧张的那些天，总是刚从雨中回来，又奔入雨中……20 多年的成果都是些阿拉伯数字，枯燥无味，很不起眼。”

“水文人最大的敌人就是枯燥、孤独。”熊海这般总结道。但是如今，他用自己的意志战胜了工作和生活的单调，“每天去观测水位，只要不刮风下雨，能顺顺利利地回来，心里就好高兴。这就是我们的幸福”。

小狗是棠荫水文人的忠诚伴侣。它们叫“嘟嘟一代”“嘟嘟二代”……每次去观测水位，“嘟嘟”们都会跟着。

循化水文站的郭建林也养了一条可爱的小狗。他是个心态乐观的“老水文”，他说自己当初在青海省果洛州玛沁县拉加镇军功水文站工作时，海拔有 3100 多米，见不着蔬菜和水果，后来见到一种水果时，怎么也想不起来叫什么，只好跟家人说要吃“那个”。过了好长一段时间，他才想起，“那个”就是香蕉。

“你说我傻吧？”他一边说，一边哈哈大笑。

他还养过一只鹩哥，模仿人说话惟妙惟肖。到了工作时间，同事会喊一嗓子：“小郭，测流！”日子久了，鹩哥记住了，一见到他，就会主动“吩咐”开来——“小郭，测流！”

蓝云龙能干，也能玩。他是循化县的象棋冠军，还喜欢月季花。在水文站的空地上，他栽种了上百株月季，可是工作忙没太多时间打理，存活率不高。但红的、黄的、白的花朵点缀其间，让这个水文站有了生机，散发出默默的芬芳。

2011 年 11 月 4 日傍晚，记者在赶往重庆市忠县白石镇中坪村两河水文站的途中，车辆受阻于明月山隧道前。等待通行时，重庆市水文局许豫轻轻地哼起了“水文人之歌”——

我们像繁星一样，
镶嵌在共和国蓝图上。
山高路远，坚强守望，
见证江河的消消涨涨。
我们像哨兵一样，
坚守在风口浪尖上。
雨打风吹，一如既往，
预测水势的闲闲忙忙。
共和国知道水文，
祖国腾飞有水文的热和光。
共和国夸赞水文，
水文人，水文人，为共和国铸造辉煌。

我们问她，这首歌叫什么名字，她说，叫《默默的芬芳》。

附

让人忘不了的那些水文人

在青藏高原，我们站立在测船上，与蓝云龙一同感受西北的冷风；在重庆深山，我们行进在黑夜里，与李峥嵘一道穿越厚重的雾霭；在南国水域，我们缩挤在船舱里，与韦广龙一齐擦拂额上的汗珠；在鄱阳深处，我们摇桨在风雨里，与吴兆福一起踩踏冰冷的泥泞；在东海崂山，我们在山道上，聆听毕文质回忆过去的艰辛。对于我们来说，辛苦只有十一天，但对于水文人来说，默默奉献却是一辈子。他们在疾病中坚守，在孤单中执着，默默地把脉着河流涨落，换来的却是千家万户的安宁幸福。

一路走来，几件事给我们留下了深刻印象。

在黄委会西宁水文水资源勘测局狭窄的办公楼里，山东大汉晁代河刚刚从“醉氧”的状态中走出来。他是海拔3400米的玛曲水文站站长，非汛期回到西宁休整。终于可以跟家人团聚了，但“醉氧”如同一道魔咒，缠了他好几天。过一段时间他又要返回水文站值班，“缺氧”又是一个考验。用他的话说：“上是个难，下也是个难。”

不过千难万难，比不上找“接班人”难。有好几个人曾经到了站上工作，但很快就当了“逃兵”，生活艰苦，待遇又不如人意，“来一个走三个，来三个走五个，人留不住”。分配来的人，最长的一年就走了。还是这些“老水文”，不计得失地坚守着，但身体上累积起来的病痛让他们饱受折磨。

水文人大多有关节炎——整天雨里水里泡着，这已经成了他们的职业病；水文人普遍有胃病——忙起来什么也顾不上，紧急时刻几分钟就要报告一次水位，吃饭这件事要么给忽略了，要么不准时；地域性的疾病，水文人也都跑不了——在高原上工作的，肺气肿是常态，鄱阳湖水文人则多有血吸虫病。

生理上有痛，心里也有不少苦。

大多数水文站地处偏远，有的甚至远离人烟，一人一站，孤独如影随形。

江西省水文局曾经编有《远方的水文人》一书，主编孙新生在序言里写道，书中“处处弥漫着水文职工孤寂与忍耐、艰苦与使命交织的情感气息”。

大部分水文人能战胜孤独，但也有难以自拔的。重庆市水文局局长舒金扬在调研过程中曾经发现，有水文职工变得越来越孤僻，话越来越少。

在繁忙的工作之余，水文人还需要不断充电，以跟上时代步伐。现在国家对水文越来越重视，今后的水文作业，不再是测个水位那么简单了，要涉及遥感技术、信息技术、自动化、湖泊研究等多学科体系。目前多数基层水文站职工只能进行简单的操作，设备一旦出了故障，还不知道怎么处理。

年轻的不愿意来，在岗的年龄偏大，基层水文人的知识体系亟待更新。由于社会对水文工作了解不多，工作环境相对艰苦，待遇跟不上，水文行业后继乏人。

十一天过去，那些人、那些场景，在我们脑海中挥之不去。我们衷心地希望人们能对水文人的奉献多一份了解、多一些关注，希望社会能够给予水文人更多的爱护，使他们不再为职业病和各种难处所困扰。

小两口　一座岛

2013 年 2 月 4 日，记者再次来到江西省鄱阳湖水文局棠荫水文站，知道站上添了新兵。2011 年 11 月，我们的“行万里路、探水文情”采访活动，这里是重要的一站。同年的 12 月，刘鹏前来“驻扎”。今年春节，他将在站上负责的蛇山水量水质水生态自动监测站度过。监测站在湖中央，举目四望，渺无人烟，唯有鄱阳湖波光粼粼，偶尔路过的机帆船马达声“嘟嘟”地响得清脆，渐行渐远。

1988 年出生的刘鹏，老家在河南省驻马店市西平县，考上了南昌工程学院，学的就是水文，毕业后“落户”鄱阳湖水文局。高中同学肖丽丽则就读于陕西宝鸡文理学院，主修教育。地域上相隔“十万八千里”，学业上也“风马牛不相及”，但依然没有阻挡两个人的恋情。肖丽丽一毕业，就到九江市星子县找了一家私立中学教书，这里正好是鄱阳湖水文局所在地，她原本想两个人终于可以在一起了。哪知道，刘鹏的工作调动，上岛了，而且上一次班就是半个月。

肖丽丽笑称自己有种“上当”的感觉，但还是“认了”，领了结婚证。得知刘鹏春节要独自值班，维护仪器，监测数据，测量水位，她正好放寒假，就跟着上岛了，成了“临时工”。

两个人，一座岛，肖丽丽觉得很新鲜。有时还能看到江豚在湖里时隐时现，她想跑到高处好好地看一看，哪知道江豚已经游得老远。她计划参加教师招聘考试，岛上静悄悄的，是捧读的好环境，手边正放着《教师招聘考试专用教材》，里边用不同颜色的笔，画杠杠，画圈圈。有时她在网上和同学聊天，说自己在蛇山岛上。“他们很搞笑，问我岛上都是蛇吗？有没有看到白素贞？”说着，她自己也笑了。

不过，担惊受怕的事也有。当年2月3日，刘鹏到棠荫水文站开会，尽管距离只有2.5公里，但要先坐船，再步行，来回要一个小时左右。肖丽丽独自在岛上练字，突然发现一条船靠岸了……她一惊，赶紧联系刘鹏；他一惊，匆匆赶回。尽管是虚惊一场，但刘鹏总结了经验：自己离岛，要把肖丽丽“随身携带”。

北方人除夕夜吃饺子才叫过年。虽然包饺子的手艺不俗，但岛上的条件有限，小两口早就谋划好了：2月1日，他们上岛之前，带着速冻饺子，还备好了鞭炮，买了“平安如意福星照，富贵吉祥好运来”的对联，特地购置了一台卫星电视接收器，因为岛上有电视机，但信号欠佳。“总得看看春节联欢晚会吧。”刘鹏笑得憨厚、质朴。一旁的肖丽丽斯文地戴着眼镜，静静地看着这个男人。

一口老井的见证

欢度新春的鞭炮声在窗外“噼噼啪啪”地响着，江西省鄱阳湖棠荫水文站副站长吴兆福系着围裙，掌勺烧菜，忙得不亦乐乎。

吴兆福是个“80后”，个子不高，黝黑的脸，浑身透着机灵。他一边舀水，一边聊开了：“我们用的水都是甜的，那口老井已经‘服役’快几十年了，都成了古董。”吴兆福说的老井，就在水文站办公楼的旁边，井口写着“江西省波阳湖水文气象试验站制”，落款是“一九六五年十二月”。那时，“鄱阳湖”的名字的确被“波阳湖”取代了。

这口老井见证着小站办公楼的“三级跳”：20世纪50年代的房子尚存，不过已经是残垣断壁，摇摇欲坠；70年代建造的房子还在使用，但风雨洗刷的痕迹明显；而旁边打好了地基，各种建筑材料已经“到岗”，昭示着这里将有大动作。“这里将建成鄱阳湖水文生态监测研究基地，有学术交流中心，有实验室，有专家楼。以后我们要请专家来岛上住，搞明白鄱阳湖到底是个什么样的湖。”

龚向民在江西省水文局机关工作，是基地建设的成员之一，干了一辈子水文，本色依旧。妻子出了车祸，刚动手术，他就从南昌赶来，“她也是‘老水文’，能理解的”。

吴兆福在憧憬以后的日子，更多地感受到了压力：“我们水文人还是水工、电工、清洁工、船员、厨师长，样样都要精通。基地建设好了，都是高端的设备，我们不加紧学习就干瞪眼了。”

他提出了“问题”，也迅速拿出了解决问题的对策：“设备一旦出了问题，要一个个地分析，要琢磨，到底是哪个地方的原因。争取做到东西过了手，下回不用师傅来。”

李林根也是“老水文”，写作有一手。他建议吴兆福把自己的想法、心情写下来，“可能是由于孤独，水文人有写东西的传统，而且写得不错”。他推荐了棠荫水文站科员欧阳千林的诗作《路》：它 / 其实并不是路 / 没有起点，没有终点，没有过程 / 深深浅浅的稀泥 / 杂乱无章的草丛 / 炙热的阳光下 / 泥土闪现着寂寥的光芒 // 它 / 却发挥路的作用 / 通向湖泊，通向家园，通向梦想 / 孑然守望的水文人 / 远处归来的候鸟 / 前行的高岗上 / 脚印勾勒出和谐的篇章……

“应该请他给老井写首诗。”吴兆福来了主意。不过，欧阳千林刚刚结婚，办酒席。新婚燕尔，小日子开张了，本来就是一首诗。

大禹故里来了年轻的“治水人”

2013年8月初的北川，刚刚度过了漫长的雨季。

据专家考证，北川是大禹的故乡，而这里历来水患不绝。比如，当年的7月8日下午至9日早上，唐家山堰塞湖和老县城降雨量高达285毫米，遭遇50年来最强洪水，致使唐家山堰塞湖水位抬高8米。

这些正式公布的数据，浸染了禹里乡治城水文站三位工作人员彻夜劳作的心血。

治城水文站位于白草河、青片河的交汇处，与唐家山堰塞湖之间只有十七八公里的河道距离。以往，这里设置的是一个水位站，为了进一步“摸透”唐家山堰塞湖的“脾气”，绵阳市水文局决定从今年开始在这里设置水文站。

潘忠海是个大男孩，差一点儿就成了“90后”，瘦瘦的个子，脸上长有青春痘。他的家乡在山东烟台，高中毕业来到河南开封，迈入黄河水利职业技术学院的大门，攻读水文水资源专业，工作却定在了四川北川。在这里拿到人生的第一份薪水，潘忠海感觉是缘分使然，“新北川就是我们山东援建的”。

到水文站工作，潘忠海算是专业对路，所以“捣鼓”新仪器，几下子就上手了。他已经习惯了现代化的工作、生活方式。有老同志说，曾经的水文站还要备好算盘，“哗啦哗啦”地统计数据，他觉得不可思议。

镇上突然来了年轻的“治水人”，附近的居民颇为好奇。潘忠海和同事杨帆进、母建平时工作，都在办公室里操控设备，启动按钮，让“铅鱼”顺着缆道自动地测量水的流速。有的老乡没有见过这个阵势。见面时打趣地问道：“你们‘治水’还用‘小飞机’啊？”

母建的女儿珍珍曾经写过作文《我的爸爸》，其中有一句描述令母建记忆犹新，即“风里来，雨里去”。

7月8日晚上，他们三个就吻合了小珍珍的观察。当时电停了，网络中断，电话、手机都不通。但他们知道，这里的数据对唐家山堰塞湖的安全至关重要。于是，他们穿上雨衣，顶着风、冒着雨，出外作业。为了获取准确的数据，他们手中的伞都用来遮仪器了，光着脑袋淋雨。

不过，这毕竟不是常态。干水文，“苦”字当头的历史要改一改了。

杨帆进是站长，“85后”，南充市人，皮肤黝黑，脸上一直挂着真诚的笑容。他学的是自动化，“起初感觉干水文是‘文不对题’，入错了行”。

但后来他明白了，这是趋势。水文行业的发展日新月异，前景无限广阔。今后的水文作业，恐怕不再是测个水位那么简单了，而是要涉及遥感技术、信息技术、自动化、湖泊研究等多学科体系。届时，曾经在课堂上学到的知识，就大有用武之地了。

在水文站对面楼房的墙壁上，画着大禹治水的情景，并配有如下文字：“洪荒肆虐，临危受命。劈山导洪，北战南征。久旅忘家，华岳泰衡。百川归海，九州平定。”杨帆进说：“作为新时代的‘治水人’，大禹治水的精神要学习，但首先要把科学技术知识学扎实了。”

福建将乐：水文人有了存在感

水南镇渡头村是福建三明将乐水文站的所在地。一看名字，就知道这是一个水资源丰富的地方。有水的地方，总会出现一群人，试图摸透它的脾性。这就是水文人。

2014年7月26日下午，从福州前往将乐的路上，烈日当空，地面上似乎有火要冒出来。但车行至半途，大雨猛然下起来，让人猝不及防。车行10分钟左右，又是烈日炎炎——水的脾性就是这样令人难以捉摸。而水文人自有“招数”。

黄蓉秀看上去有些瘦弱，但一谈及与水文有关的事，那股干练劲立即显现出来。当年不到40岁的她，已经在将乐水文站工作近20年，现在担任站长。说话间，她掏出手机，里边的短信还原了她和同事此前的一项“战斗成果”。2014年5月22日，将乐县普降大到暴雨，防汛形势严峻。水文站工作人员“进入奋战状态”，及时搜集数据，并加以分析，在9点22分向李副县长报告：当日12点至13点会出现洪峰，水位在150.00米至150.20米之间。结果12点半出现洪峰，水位150.20米。

这份成果获得的过程，已经实现了“智能化”和“自动化”。闹钟、手电、记录本，水文人的“老三样”，在将乐水文站，已经“鸟枪换炮”了。这里拥有水文测流缆道、ADCP测流系统、高地水位自记井、气泡式水位计、浮标投放器、程控电话、传真机、对讲机等。“水文工作增加科技含量，减轻了我们的劳动强度，而且对测报的准确度也是一个保证。”黄蓉秀说。

不过，挑战还是有的，设备的维修与保养是个新课题。一旦这些设备有个“头疼脑热”，怎么办？副站长黄军勇有些腼腆，给出的答复颇为简洁：“多问、多看、多百度。”这个“80后”，曾经撰写论文，提出“在基础水文工作中，要建立流域实时水文数据动态系统、流域洪水预报模型，要关注小流域山洪问题和突发性应急水文测报系统的建立”。

将乐水文站还有一位女将叫江少妹，被邻县临时“挖”走了。这个县没有设立水文站，缺少水文人才。台风“麦德姆”登陆之际，县里急着来借人，帮助搜集、分析数据，以更好地应对灾害。黄蓉秀很是感慨。她记得当初到水文站工作时，站点比较偏僻，出门回来打车，司机都不知道水文站在哪里，尽管当时站点已经设立40多年了。如今，水文工作的作用逐渐显现，水文人的存在感增强了。

福建南平：电话968985开始流行

“欢迎进入南平市水文信息查询系统，请选择需要查询的县市……昨日8点至今日9点，建阳市无雨，9点建阳水位为126.81米，与前一小时相比涨水，低于警戒水位……”2014年8月4日上午10时许，记者拨通0599-968985，很快就掌握了福建省南平市建阳水文站的即时水位情况。

黄贵宝是建阳市童游街道水东村的一位渔民，皮肤黝黑，喜欢笑。以往，他发现自己的捕鱼设备经常被水冲走。经人“点拨”后他得知，了解水位情况可以减少损失。于是，离家很近的建阳水文站成了他的参谋。如今，“968985”存入了他的手机电话簿，“一到汛期，先打这个电话，再看是不是开工，做到心中有数”。

从当年5月开始，南平开通968985水文信息语音查询系统。谁想即时了解南平境内代表站点的水位情况，拿起电话就可以打。

刚刚观测水势归来的建阳水文站站长杨标洪，一边举着胳膊擦脸上的汗水，一边说着开通这个公共电话的好处。“汛期是我们工作最忙的时候，也是老百姓最关注水位的时候。以前，办公电话都打爆了，只好安排一个人专门接听电话。现在，他们拨打968985就可以随时掌握情况。”

拨个电话就能实时掌握水文信息，根源在于南平水文的信息化程度高。南平水文人总是乐于先行先试，他们掌握了一项国家专利，发明了WJF-2水文数据采集仪。在建阳水文站，这台方形砖头大小的仪器放置在一个不太起眼的角落里。杨标洪说，采集仪通过太阳能电池板充电，三级防雷保护，防水防潮，“就像一个听话的孩子，老实地干着自己的事，不用太管它”。

“测验手段原始，信息采集手段落后，信息传输网络化程度低，信息传递时间长，可靠性不高，信息管理滞后……”南平水文局负责人说，曾经水文监测信息化程度很不理想，基层的水文人也习惯了等着新设备出厂，“拿来就用”。而南平水文人主动出击，自主开发，研制成功的这台设备具有水文数据固态存储、远程数据传输、自动化报讯等功能，减轻了一线水文人的劳动强度，“先后在福建、重庆、湖北、海南等省市500多个站点安装使用”。

“230毫米×170毫米×85毫米”，这是WJF-2水文数据采集仪的外形尺寸，小家伙解决了大问题。“水文设备要皮实，不能娇气，也要好上手。对于水文人而言，科技攻关无止境。”南平水文局负责人说。

手中无“剑”也要“亮剑”

2014年11月初，记者来到江西省九江市德安县聂桥镇梓坊村的梓坊水文站，发现科技手段在防汛抢险中也有失效的时候，但水文人依然是“耳目尖兵”。

梓坊水文站站长桂良友是“80后”。他的代步工具是电动摩托车，到镇上买菜来回要四五十分钟。记者驱车来到这里，一路颠簸，而且路还是刚刚修整过的，边走边发现，房子越来越少了——水文站所在的位置有些偏僻。

不过，水文行业的硬件设施该有的这里都有了，是“标配”。梓坊水文站主要为鄱阳湖的支流博阳河把脉。梓坊水文人平时工作按部就班，“每天一个点，每年一条线”。“点”指的是每天测得的数据，连缀起来的“线”就是一年的走向。

当年7月24日凌晨3点，毫无征兆，暴雨突袭而至。“就像有人在天上拿着脸盆往下倒水一样。”老职工刘克武现在想来还心有余悸。后来得知，这场雨两百年一遇。而且，桂良友在外参加培训，站上能跟他一起工作的是两个刚刚大学毕业的“90后”女生王翠银、詹祯圭。最糟糕的是，停电了。这就意味着那些科技设备都停摆了，他们手中已经无“剑”可“亮”了。

人顶上去了！手中无“剑”的时候，人就成了“剑”。

住处距离缆道房100米左右，水位在暴涨，道路会被淹，刘克武叮嘱两位姑娘和他一起前往缆道房，准备战斗。“风很大，刮得眼睛睁不开，分不清东南西北。100多米，感觉走了半个小时。”王翠银说。他们在夜幕中手摇缆道，穿救生衣到水里看水位。为了防止山洪泥石流暴发，当地政府组织附近村民往外撤离，桂良友逆向而行，连夜回到队伍，满身黄泥，实现了全员在岗，“对于水文人来说，风雨就是命令，这个职业要迎着水走”。

四面环水，他们身处孤岛一般。糟糕的是，移动光纤基站受损，手机信号时有时无，桂良友到处搜索信号，坚持每10分钟就向有关部门报告水势。

已经十几个小时没有喝水进食了。梓坊村村民路长清心里惦念着。他和家人涉水两公里，送来方便面和水。“这就叫雪中送炭！”九江市水文局局长卢兵专门委托副局长吕兰军登门走访慰问了路长清，表达水文人的敬意。

7月25日8时3分，水位退回至警戒值。四人终于松了一口气，布满血丝的眼睛里溢满了笑意。他们事后才知道，自己提供的一串串数据，关系到要不要进一步转移群众，要不要启动更高级别的增援，要不要关闭高速公路……

“如果平时没有过硬的本领，没有多年经验的积累，没有汛前各项工作的充分准备，战胜这场暴雨是不可想象的。”江西省水利厅负责人8月14日视察梓坊水文站时如是说。

| 第二辑 |

一个人的光芒

兰辉：一枚铺路的石子

2013年的7月，暴雨几乎在北川“安家”了。

北川，全境皆山，这里生活着的羌族同胞习惯于半山耕作，畜牧狩猎，被誉为“云朵上的民族”。所以，这里落雨，泥石流、塌方事故频繁，老百姓出行容易受阻，辛辛苦苦把道路疏导畅通了，又一场大雨不期而至。

北川人自然不肯屈服。他们顶风，冒雨，抢险，救灾，徒步走，用肩扛，用手拉，硬是让路在眼前再度铺展开来。

在擦拭汗水、雨水歇息的一瞬间，不少北川人心头痛起：这样的时刻，再也见不着一位战友的身影了。

往年的汛期，他必定蹙着眉头，心急火燎，不舍昼夜，一路疾走，来到大家的身边，跟大家站在一起。

他个子不高，干瘦，雨衣披在身上，显得肥大，不协调。发白的牛仔裤上，淤泥点点，扎眼。手机不离手，电话一个接一个，多半时间对着手机吼，要车，要人。眼镜的镜片，啤酒瓶底一般厚，雨水放肆地“捣乱”，顺着镜片往下流，他不得不摘下来，在衣服上敷衍地擦一擦，再戴上。

此番情景，只能定格在镜头里，收藏在身边人的记忆中。

但是，透过眼镜投射出的目光却是那么真切，溢满坚毅，饱含力量。

这可以从他生前最后的几张照片里轻易地捕捉。

5 月 22 日上午，天气预报说，中到大雨就要普降北川。在县政府分管交通、安全、民政等工作的他，职责在肩，触电了一般：×× 路会不会很脆弱，扛不住？ ×× 路一旦不通，老百姓出门怎么办？ ×× 路一到汛期就不太平，要不要提前封了？车行路上遇到塌方，如何是好？

那时的他，脑袋里装的全是这些。

坐也不是，站也不是。他顾不及刚刚做了痔疮、肛瘘手术，正处于休养期，随身带上鼓鼓的药包。

23 日上午 8 点，他启程出发，目的地是曲山镇、漩坪乡、白坭乡。他叮咛了一路，协调了一路，也疼痛了一路。这个病，让人有点难堪，他不得不两次中途下车，找个僻静的地方，自行换药。而第三次恰好选在了赫赫有名的唐家山堰塞湖边上。

脚再往前迈一步，就是直挺的悬崖，像一面墙。唐家山堰塞湖看似水流舒缓，却透着威严，张着大口，从河底发出怒吼。那时的他身体原本就虚弱，又高度近视。他起身，想抓住一点什么，但眼前白茫茫一片，双脚不听使唤，往下一滑……

悬崖！ 47.5 米！

那天晚上，北川的夜空大雨如注，电闪雷鸣。

2013 年 7 月 30 日上午，我来到出事地点，见一段横木在湖中漂浮，笔直得有些倔强，宛如大自然为他树立的一块墓碑。

不知上边是否刻有这样一行字：兰辉，回族，1965 年生于北川，中共党员，生前为四川省绵阳市北川羌族自治县副县长，2013 年 5 月 23 日因公殉职，终年 48 岁。

湖水浑浊，静静地流，载得动几多愁？

然而，一旦走近他的家人、同事、生前好友，读他的文字，读他的眼神，全方位地与他“接触”，就会强烈地意识到，悲愁于他显得多余——

他有一颗滚烫的心，时常热情似火，奔波在路上，甘于做一枚铺路的石子，垫高他人的身躯，畅通前方的路。

他乐于在精神世界里徜徉，以诗的品格，以歌的旋律，蓄满力量，反哺他挚爱深沉的一方水土。

他把老百姓放在心坎儿上，摸着良心行事，尽力张大自己的双臂，呵护曾经泪水纵横的父老乡亲。

一

他是孩子的“人生导师”，拔亮一盏盏希望的灯

兰辉是一个拿过教鞭的人。

1983 年 7 月，他从四川孝泉师范学校毕业，担任北川白坭学校教师。1985 年 8 月，他考入位于四川遂宁的川北教育学院，就读中文专业，学期两年，毕业后再度回到家乡，担任北川擂鼓中学语文教师。

同事陈天明回忆，在擂鼓中学工作期间，兰辉喜欢家访，一个学生也不放过。山里的天气像娃娃脸，说变就变，出门时天气晴朗，半途中大雨瓢泼，有时兰辉齐齐整整地出门，进门却是一身泥，还拄一个竹棒，多少有些狼狈，但他乐此不疲。

就是通过这样的家访，兰辉逐渐地走进学生的内心，成为他们的大朋友，为他们扫除学业的障碍，解开心里的疙瘩。

尽管兰辉的工作、职务几度变更，但是他在学生向忠诚的心目中始终是一位老师，而且是“人生导师”。

家里穷，负担重，向忠诚的学业多次“摇摇欲坠”。兰辉稳稳地帮他扶住了：他屡次登门，接过向忠诚父亲递过来的烟，一边呛得直咳嗽，一边使劲地夸：你们家忠诚不错，有出息。要么直接到田间，请向忠诚的母亲歇一歇，坐在田埂上摆一摆。

这么好的先生，难得一见，父母心动了，不再要求向忠诚辍学回家，下定决心，就是砸锅卖铁也要供这个孩子读书。

当这个家实在交不上学费时，兰辉毫不犹豫，自掏腰包垫上。

一切都看似妥当了，但事实上还没有消停。

刚上中学，新的环境，难免有些不适应。再加上青春萌动，愁绪纷飞，亟待心与心的碰撞，携来几缕慰藉。向忠诚将心事诉诸笔端，说给他的兰老师听。

至今，向忠诚依然保留着当年的日记。1987 年 9 月 29 日晚，他写道：自己想家了，原因包括饭菜太少了，起床、睡觉都太早了，洗脸洗脚都是冷水，受不了。他希望自己可以克服困难，安心学习。

“一个人最怕的是懵头懵脑，什么都不知道。你不是这样的。你很明白环境，学校生活是比不上家里，但习惯后就好了，我们都是从学生来的。”这是兰辉在这则日记后边写下的一段文字，与学生交心。

当然，作为一名语文教师，他始终保持着职业敏感。向忠诚把“孤单”写成了“狐单”。兰辉手拿红色墨水的钢笔，在“犭”之上，重重地叠了一个“孑”。

一番劝导，只管了几天。同年的 10 月 14 日，向忠诚再度在日记里写道，当天明明是周三，他感觉已经是周六了，遭到同学的取笑，“甚至我自己最后都感到好笑，这是什么原因呢？我寻找着答案，思索着，探求着，不知如何是好”。

他的兰老师语重心长：“雄鹰之所以展翅高飞，是因为它经常在暴风雨中锻炼。要做个刚强的男子汉，也得到外面闯闯。别只恋着家。”

1989 年 9 月，兰辉调任北川县文教局县少先队总辅导员。向忠诚慌了：这是不是意味着师生之间的心灵对话就要中断了？

他向兰辉写信，很快就有了回音。如今，这封回信有些皱巴巴的，但字迹依然清晰，情感仍然恳切：“感谢你的一份诚挚心意……希望你洁身自好，不要松劲。”

向忠诚不曾“松劲”，一举考入西南民族学院（即现在的西南民族大学）。但学费又是个老大难。当年正好推行“希望工程”资助大学生行动，前提条件是“品学兼优，家庭特别贫困”的应届毕业生。兰辉闻讯，四处奔波，硬是争取下来一个名额，“我幸运地成为四川只有 5 名、全国只有 100 名的被资助对象”。

他们非亲非故，演绎了一段动人而纯粹的师生情谊。

现在，向忠诚有了自己的公司。他计划以恩师的名义，设立一个爱心基金，力所能及地帮助他人。

兰辉点亮的一盏明灯，不灭。

虽然之后远离了教师岗位，但兰辉并没有脱离“师者”的身份。

1992 年，高晓芳参加工作，被分配到陈家坝小学任教，并担任学校大队辅导员。如何履行好这个陌生的角色呢？新手上路，难免犯怵。

这时的兰辉，以县少先队总辅导员的身份出现在高晓芳的面前。“开学检查工作的时候，他找到我，和我进行了长达 1 个多小时的交流。他说，少先队辅导员，就是要了解孩子，知道他们喜欢什么，用什么样的活动吸引他们，在活动中告诉他们是非对错，树立正确的观念。孩子喜欢你了，喜欢参与你的活动了，知道怎样做了，你就成功了。”

高晓芳找到了方向，工作开始有了眉目。

通过两年的摸索，她的工作有声有色，并被调往临近北川老县城的任家坪小学任教。此时，兰辉已经升任团县委书记，他给予的帮助连绵不绝。

“他是后盾，像是一个筑梦者，默默地在后边发光。而我却站到了前台，领着孩子们追逐一个又一个梦想，体会着快乐与成功。”在高晓芳眼里，这个人，就是一个大哥哥，擎着火把领路。

二

他自称“文学迷”，对民族文化爱得深沉

生活中的兰辉，是一个不拘小节的人。

在他父亲的印象中，家里的这个老三，穿的皮鞋总是一补再补，上边有好多的“疤疤”。家人都看不下去，偷偷地扔了。兰辉知道了还一肚子的意见，说下雨不能穿，天晴还是可以穿的嘛。再说下乡就要爬山，再好的鞋子也给穿坏了。

在北川县电视台记者左雪的印象中，春秋季节，兰辉好像就一件衣服，深蓝色的夹克，已经洗得泛白。他似乎没有用过什么名牌，也没有什么派头。

对于饮食，兰辉“不择嘴”，但也有特别的喜好，那就是酸菜。“吃饭，有酸菜炒牛肉，他就打心眼里高兴。吃方便面，首选也是酸菜味的。”兰辉的驾驶员陈邦清回忆道。

陈邦清说，如果下属在工作上有什么纰漏，他毫不留情，就像一个“火炮”，一点就着，威严得很。但私下里，怎么来都行。

兰辉一米七二，体重不到60公斤，显瘦，四川人喜欢说“干”。

所以，有人直呼兰辉“干哥”，他也应下。而“干哥”和“干锅”相近，有人更大胆，打趣地喊他“干锅”。他没脾气，咧着嘴笑。

这样的一个人，在工作上风风火火，在生活中平易近人，目光却投向远方，内心追求精神的丰盈。

在川北教育学院就读时的同学刘勇说，当年的兰辉，时常和他谈结构主义、意识流、朦胧诗、罗素、萨特等，钟情于杜甫的诗，喜欢在细雨中散步，还下过决心要报考“中国民俗学之父”钟敬文的研究生。

据同事李华云回忆，在白坭学校任教时，兰老师“随手掐一本书”；在妻子周志鸿眼里，“他啥子书都要翻一翻”。

2012 年 6 月 16 日，在名为“曲山兰辉”的新浪微博里，兰辉动情地回忆自己的阅读经历：“四十年前的今天，北川老县城。图书馆阅览室，一间破旧的穿头架子房中，昏黄灯下我开始认识外面的世界。”他爱读《文物》杂志，这培养了他对人文社科知识的浓厚兴趣。所以尽管后来他的工作与文物、历史、考古、宗教没有多少关系，但依然愿意读读这类书籍。

他还提及，读初中时，迷上了文学刊物，《人民文学》《当代》《钟山》是他的最爱。由于父母在茶厂工作，兰辉喜欢“混入”这里的仓库，“躺在团结牌砖茶上，听雨打瓦，借房顶亮瓦的光线，闻着书香吸着茶香”。

对知识的汲取和渴望，贯穿他的生命始终。

一段时间，东北某县涉及中日关系的敏感问题。兰辉在微博上给予关注，并说自己刚在图书馆翻阅了 2011 年第 6 期《散文选刊》杂志，上边刊有散文家韩小蕙的《火与剑，还是康乃馨？》，提请网友读一读。

他在北川老县城的家，被地震毁于一旦。整理旧物时，他挑出了一套中国文化书院的教材，“这让我想到那年到成都授课的汤一介”。

另外，北川县政协在震前编印的一份文史资料，他也保存了下来——尽管目光在远方探寻，但他的双脚始终踩踏在故土上。

他分管史志工作。2009年，北川县史志办按时编写出了《年鉴》草稿，报送兰辉审查。史志工作，事关重大，特别是这本《年鉴》涉及2008年汶川特大地震，兰辉格外牵挂。

这位曾经的教书先生，拿起笔来，逐章逐节地审读，字斟句酌，连一个标点符号也不放过，并提醒编写人员，这部书有千钧重，是要进入北川历史的，容不得半点马虎。结果这一改，就是一个年头。

北川是全国唯一的羌族自治县。尽管自己是回族，但兰辉心系羌族文化的未来。

在微博上，有人探讨“成都”一词的来历。兰辉参与其中，说好像在资料上看到过，“成都”是古羌语，“应该是任继愈的推断”。

学生向忠诚身为羌族，却对羌族历史、文化不甚了解。兰辉着急了，2003年塞给他两盘VCD影碟，分别是《羌族萨朗舞曲精选·羌魂》和《风从羌山来——羌族风情歌曲》，要求他好好地学一学，并现场露了一手，一遍遍地教。

向忠诚依稀记得老师唱的是《砸酒歌》：“清亮亮的咂酒唉，依呀勒，松勒哦，依呀勒，松勒哟，请坐，请坐，请呀坐唉，咂酒唉也，喝不完，再也喝不完的咂酒唉……”

兰辉喜欢羌笛，认为“不屈的精神在非物质文化遗产中体现”。北川的羌绣，发展前景大好。县残联理事长彭长诗说，兰辉跟他提及过，可以组织残疾朋友制作塑料花，和羌绣结合起来，既解决残疾人就业问题，又弘扬了羌族文化。

北川的档案修复工作，令他揪心。县档案局局长苏义德记得，兰辉曾经对他表达过这样的意思：档案是历史的真实记录，特别是抗震救灾和灾后重建工作档案，是无价之宝。如果不能很好地加以收集、整理，将愧对历史，愧对子孙后代。

2012 年 11 月 16 日，历时 3 年，52300 卷北川档案的修复工作终于大功告成。在位于雅安的四川省档案学校举行的转运仪式上，兰辉难以抑制内心的欢欣，禁不住跳起羌族风情的萨朗舞，引吭高歌。

走进北川档案馆的大厅，“今世赖之以知古，后世赖之以知今”“档案工作重在资政、存史、维权、育人”两条标语颇为醒目。或许，这就是兰辉为何那么兴奋的最佳注释吧。

档案记录历史留下的印迹。有意思的是，北川档案馆里留存了一份他个人的印迹。

这是一封亲笔信，写于 1993 年 8 月 11 日。那时的他，担任共青团北川县委副书记。好友王玉梁在青片乡工作，他命笔倾吐心声：

“……从我所看到的实例来看，一个干部，尤其是领导干部，最主要的工作，还是协调各方面的关系，使之整体在经济建设中发挥作用。

“如果一个干部把许多矛盾直接甩给上级，其领导能力就会打折扣了……作为干部，吃亏、忍气也是一个工作方法。具体工作中，忍气并不说明你就‘公式’‘软’。

“对利益的得与失，希望能保持一种‘静’的心境。不以得而狂喜，不以失而忧悲……黄金无论埋多久，终究是黄金。”

他还特别提及：“我的工作方法是从旁提醒。”

这个工作方法，他用了一辈子，直至生命的最后时刻。他抱病到一线督战，就是为了“从旁提醒”沿途乡镇政府切莫大意，确保百姓的财产免遭损失，确保百姓的生命安全。

而在平时的闲暇时间，他通过微博这个平台，不断地发声，“从旁提醒”，为曾经千疮百孔的北川疗伤，唤回乡亲心灵的安宁——

“祝福所有幸存者。让我们放下苦难去拥抱幸福。”

“北川不是北川人的北川，而是所有具有爱心的人的北川。北川更应勤奋苦干，来诠释感恩二字。”

“未来的北川需要蓬勃向上的精神状态。”

“痛定思痛，北川躺在‘救援’的床上能填饱肚子吗？需自强！”

“爱，是这座城市的主题与名片。”

“漫步走在新城，一人。在静谧中去听鸟叫观微漪，感受初夏的美丽。要去发现，才能感受到新县城的情怀，老县城毕竟逝去，热爱生活就从热爱新县城的一草一木开始吧！”

“膨胀的自负就会狂妄。谦虚吧，朋友。”

“誉中静，讽里静。庭前仍花开花落。”

“思考总比去搓麻将好。”

“累了，就歇歇吧。如果步行在山野，那就找棵大树乘凉。如果是工作累了，生活累了，不妨去下图书馆。暂时放下那些烦恼，静静地坐在书桌边。书中那些贤人会引导你回溯，反思，展望。昨天读了蒋勋的几篇散文，给人启迪。”

“暮色又染　浑身苍茫 / 手提夕阳 / 巡重重关山 / 峰回处　炮声阵阵添新路 / 更兼工人挥汗如雨……”这是他写给筑路工人的诗句。“手提夕阳”，多好的意境。

“我认为有水准的图片应该有意境。通过图的设计和构思，主题物及背景的烘托，表达出作者的一种美学观点或者哲理。”

他这般点评网友的摄影作品，精神的求索在字里行间喷薄欲出。

三

他开辟的一条条“兰辉小道”，通往百姓心间

面对千头万绪的事务性工作，兰辉应付自如。尽管“官”越当越大，但本色依旧，“官气”始终欠缺，进城务工人员母军贤就把他视为朋友、兄弟。

曲山镇白果村村民母军贤的爱人没有工作，女儿遭遇车祸，儿子又因伤致残，真是祸不单行。震前，他在老县城蹬人力三轮车，勉强维持生计。震后，新北川重新规划，出于安全考虑，不允许人力三轮车上路。这等于把母军贤一家人的饭碗给砸了。另谋生路，不知如何下手。无奈之下，只好伙同其他人一道上访。

工作人员解释了一通，母军贤不满意，执拗要见管事的。得到的答复是管事的下乡了，过了晌午回来。母军贤就候着，多少带着怒气：是不是托词，故意不见呢？

下午一点多，几个人进来了。母军贤也不知是何方神圣。有人说，兰县长，先吃了饭再说吧。“瘦个子”手一挥：群众都等半天了，我不吃饭，先跟他们摆一下。

说话间，就坐到了母军贤的对面，“他说的第一句话是：对不起，你们今天等久了。他说你们有啥子诉求，有啥子心愿，都摆出来，政府想办法”。

这个管事的，说话就是让人心里暖和。

刚交谈了一阵，有人急匆匆地过来，说“生命通道”擂禹路又中断了。“瘦个子”神色慌张，立马起身，一边道歉，说有要

事必须及时处理，一边让母军贤留下手机号码，承诺择机再谈。

这是不是虚晃一枪？

没过几天，母军贤接到电话，被邀请到“瘦个子”兰辉的办公室，聊了一通。午饭时间到了，兰辉提前预订好座位，再领他来到餐馆。一进门，跟服务员说，我的客人来了，上菜。

“他说我是‘客人’……”说这两个字时，母军贤一顿一顿的，打了着重号一般，眼眶已经泛红。

他依然记得，餐馆的名字叫“羌家儿女”。

经由兰辉的牵线搭桥，母军贤当上了保安，女儿的工作也有了着落。

“他就像冬天里的一把火。”眼泪在母军贤的眼眶里打转。

“他永远是我的‘朋友县长’。”他已经哭出声了……

而在“可乐男孩”杨彬那里，兰辉连“县长”也算不上，“有一次我叫他‘兰县长’，他不同意，要我叫他‘兰叔叔’”。

当年，汶川特大地震过去了整整三天，杨彬才被救出，身体状况很糟糕，不得不高位截肢。重见天日时，他的心愿是喝一听可乐，感动无数人。

大学毕业，他要闯一番天地，寻找自主创业的路子。信心有了，具体操作起来困难重重。

分管残联工作的兰辉获悉，主动与杨彬联络，之后打了一套漂亮的“组合拳”：与相关部门沟通，以优惠的价格，在新县城替杨彬租下 300 多平方米的门面；办好营业执照，安排专人送上门；争取 2 万元的创业基金，力助杨彬办起了“北川可乐男孩汽车美容馆”。后来，杨彬计划在新县城“巴拿恰”步行街开一家“可乐男孩特产店”，实现网络和实体店同步销售。兰辉鼓掌欢迎，又替他力争到 8 万元创业基金。

每一个动作都瓷实得很，“掷地有声”。

“有啥事直接给我打电话！”兰辉特地留下手机号码。杨彬这个侄儿，他认定了。

杨彬很争气，生意红红火火。他想表达内心的谢意，今年春节期间，邀请他的兰叔叔聚一下。兰辉在电话里一口拒绝：“彬彬，你把事业干好了，把生活过好了，就是对兰叔叔最好的感谢了。你把事业做大做强，给北川残疾人创业带个好头。”

创业之路从来不是一帆风顺，杨彬也有一时迈不过的坎儿，“我要像男子汉一样去面对”。他攥紧了拳头，让人们看到了兰辉的影子。

兰辉的光芒，何止洒在杨彬一个人身上——

1996年6月7日晚，时任北川通口镇镇长的兰辉，为了保护群众的财产安全，在中巴车上勇斗歹徒，致使头部、腰部多处受伤。北川档案馆里有一张1996年的《公民见义勇为受奖审批表》，兰辉被评为当年的县公民见义勇为先进个人，获颁奖金100元。

永昌镇尔玛社区残疾人吴刚，一直追寻自己的歌手梦。兰辉是他的“铁杆粉丝”，为他鼓劲呐喊：“怒放的生命，灿烂的青春，无悔的追求，吴刚，我敬佩你！”

擂鼓镇麻柳湾村酒厂的女老板李堂会，在震后危房拆迁补偿问题上有了心结，四处上访。2011年夏，她新建的养猪场被山洪冲毁，一人站在雨中号啕大哭。恰好兰辉路过，撑开雨伞，递到她的手中，细心抚慰。经过兰辉主动的关爱和感化，李堂会重新“站”了起来。

震后出生的儿童朱康义，先天双耳失聪，兰辉帮他争取资助，完成了人工耳蜗手术，让他首度聆听到了这个世界的清脆鸟鸣……

涉及老百姓的事，兰辉心细如发。他总是设法以一己之力，抚慰他人的创痛，投射一丝暖阳。

北川的道路，他牵挂于心。接手分管交通、安全，谁都知道这是两个“烫手山芋”。又是山区，又是地震灾区，交通工作是个“急难险重”的活儿；而安全又是头等大事，北川县安监局局长陈国兴记得，兰辉曾经动情地叮咛：“现在的北川人，都是从死人堆里爬出来的，绝不能因为我们工作失职，让老百姓的生命安全再次受到伤害。”

在路上，是他的工作常态，这时的他，警觉得很，眼睛像雷达一样，到处搜寻，试图发现某些端倪。

这两项工作，他起初完全是个“门外汉”。但既然受命分管，岂能甘心“看热闹”？他自行购书，了解技术标准与质量规范，力求让自己慢慢入行。

他更明了，理论要和实践相结合。所以，陈邦清回忆，出车时，坐着的兰辉一点也不“安分”，眼睛四处瞄，看到哪个地方不太对头，就问：“这是不是个‘歪货’？”

始终处于工作状态的兰辉，时刻把老百姓的需求放在心上。

2013 年 3 月，马桃路施工期间，他沿途督查质量。这条路，与桃龙乡大鹏村一组村民王诗山的家擦肩而过。王诗山年逾花甲，双腿残疾，没有劳动能力，常年坐在轮椅上。原来的设计方案，没有考虑修建残疾人通道。这就意味着，路虽然通到了家门口，但跟王诗山没有多大关系。

一扇门，眼看就要无情地关上了。

在走访时，兰辉知道了这个情况，他立即召集指挥部、施工单位、监理单位的相关人员，研究部署解决方案。

最终，不仅铺设了一条残疾人通道，而且根据王诗山住处的特点，为他增设了排水沟。

这条通道，是一条有形的“兰辉小道”，让人性的温度“畅行无阻”；而有太多无形的“兰辉小道”，直抵百姓心间，让人间的爱意如花绽放。

他自我告诫：“得到信任不容易，要失去信任在瞬间。”所以，他不敢懈怠，始终把老百姓的事放在心上。

2019年庆祝中华人民共和国成立70周年之际，他被评选为“最美奋斗者”。

不过，他“奋斗”的目的不是为了自己的“小家”，他开辟的“兰辉小道”上不见家人的身影。他的妻子一直是个临时工，其他兄弟姐妹也没有正式的饭碗。他们也有私心，希望兰辉帮忙安排一下，还委托老父亲出面做工作，得到的回复是统一的：“不得行。”

“他说，我们再困难，有没得残疾人困难？有没得五保户困难？他们政府不管，哪个管？”父亲兰甲正说，儿子每次都这样反问，理直气壮。

兰辉有自己的考量。

“我会在余下的日子中让每一天发光，为那些需要得到帮助的人。虽然我不富裕，虽然我讷言少语，不愿表白，但我相信，诚，会激发有感情的人。”2011年7月26日凌晨时分，他在微博里真诚坦露心迹。

“当我们走出围城去感受他的痛苦，去帮助他解决困难，他会幸福的，帮助了他人并得到好的效果，自己也是幸福的。如‘走基层’‘党员干部帮扶活动’等等，在帮助别人的同时自己也愉悦。当然更重要的是密切了党群鱼水情。”2012年6月2日，又一个凌晨，他在微博里阐述自己的“幸福观”。

“一些新的理论知识得不到及时的补充，开拓创新意识不强，所做工作与领导和广大群众的要求还有差距。”在《2012年度述职述廉报告》里，他这般自我检讨。

老百姓心中有杆秤。

以前，兰辉喜欢给老百姓留手机号，还要干脆地说上一句：“有啥事直接给我打电话。”现在，这些受过帮助的人，来探访兰甲正时，也习惯性地留下手机号，告诉老人家：“有啥事直接给我打电话！”

兰辉殉职的翌日，北川县县长瞿永安收到一则短信：“兰县长是个好人。他简直是个好人！你们要把他的精神弘扬光大。”

署名——“普通百姓”。

他把“普通百姓”装在了心里，“普通百姓”把他置于头顶。

廖俊波：一个温暖的“发光体”

廖俊波就像是一个温暖的“发光体”。

“发光体”原本是一个物理学术语。学物理出身的廖俊波，把自己塑造成了一个“能发出可见光的物体”。

事实是，他以武夷山为原点，顺着闽江，沐浴着闽越文化、朱子文化的余韵，一路奔波，走到哪里，哪里就要发生“物理反应”，甚至是“化学反应”。他在，就意味着改变，甚至是新生。

为了闽北的这方水土，为了一份壮丽的事业，他交出了全部的自己。

2017 年 3 月 18 日晚，公务出差途中，一场突如其来的车祸，他的生命永远地画上了休止符。

他收获了尊重，赢得了名节，勾起人们的怀想与思念。

习近平总书记作出重要指示，要求广大党员、干部向廖俊波同志学习，不忘初心、扎实工作、廉洁奉公，身体力行把党的方针政策落实到基层和群众中去，真心实意为人民造福。

他是感动中国2017年度人物，被评选为第六届全国道德模范，还是“最美奋斗者”。

廖俊波是新时代的好干部，他把前辈身上那些永恒闪耀着的品格与光华继承了下来。他的身上，也有新时代的烙印，在谋事、对己、待人上，有着这个时代党员领导干部的新格局、新境界、新风范——

这是一个有知识、有见识、有胆识的人，也是一个不乏童趣和孩子气的人。

这是一个跟随时代潮流、在大地上积极奔走创造新世界的人，也是一个倾慕与敬畏传统伦理世界的人。

这是一个时刻把工作扛在肩上的人，也是一个逮空就把自己打理得清清楚楚的人。

这是一个对火热现实生活保持着浓郁兴致的人，也是一个自觉划定底线红线不逾矩的人。

这是一个心灵敞亮、愿意把自己充分打开的人，也是一个让人愿意跟他神交、跟他交心的人。

这是一个勇于、善于跟时间赛跑的人，也是一个被时间定格了伟岸背影的人。

这是一个以和善、爽朗笑声跟老百姓打成一片的人，也是一个在老百姓婆娑泪眼间悲壮远行的人。

生命骤逝，斯人已远。但是，在跟他熟知与不熟知的人们心里，他依然还在，他依然还在发着温热的光。

一

谋事：一片忠心，一腔热血，激情满怀如虎跃

“当官当到政和，洗澡洗到黄河。”当地老百姓编了这么一则顺口溜，是给来南平市政和县就职的官员一个忠告，亦可视为“下马威”。

2011 年 6 月，经济社会发展长期处于福建省“省尾”的政和县，

迎来新任县委书记——廖俊波。

一床，一几。一杯茶，一根烟，一支笔。一条汉子，一片忠心，一腔热血。

“刚上任，我们就感受到他的与众不同。”现任政和县人大常委会主任郑满生感觉一股新风徐徐吹来。

廖俊波组织开展了一个多月的调研，下乡村、进厂矿、访社区，把总面积 1735 平方公里的这块土地摸了个遍。郑满生不禁感慨：“我这个土生土长的政和人，也是第一次这么深入地了解自己的家乡。”

是的，要做“体察民情的大脚掌”。

廖俊波马不停蹄。上任第 55 天，他把全县副科级以上单位负责人召集在一起，连续开了三天经济社会发展务虚会。曾经的初中物理教师，给大家出题，一共三道：政和能不能发展？要发展什么？如何发展？答题的具体要求是尽量“说真话，说实话，说思考过的话”。

他以身作则，提交了答卷：要在抓好现代农业的基础上，致力发展工业、城市、旅游，回归“四大经济”。并且成立多个项目组，实现各个击破、整体推进。

他鼓劲打气：“树立‘小县大作为’‘小县更精致’的观念，进一步坚定发展信心，保持‘人一我十、滴水穿石’的工作韧劲。”

集结号，一声比一声嘹亮。催征鼓，一遍又一遍地敲。有疑虑，他来释惑；有误解，他来澄清；有麻烦，他来破局。

他要掀起一阵阵的劲风，甚至是狂风。

“我相信，在座各位都希望政和能发展得更快些、更好些，不甘落后于人，但我们如果还是继续重复相同的工作模式、思维模式，却期待结果有所不同，这可能吗？”在一次座谈会上，他厉声发问。

我固执地想，此时他是敲了敲桌子的，利落而响亮。

他深知，再造思维模式，需要新的理论武装。

在廖俊波办公室的书柜里，摆放着《习近平谈治国理政》《习近平总书记系列重要讲话读本（2016年版）》《习近平关于协调推进“四个全面”战略布局论述摘编》。

还有两个版本的《摆脱贫困》。其中，1992年的版本，《加强脱贫第一线的核心力量——建设好农村党组织》和《巩固民族大团结的基础——关于促进少数民族共同繁荣富裕问题的思考》这两篇文章中有折页。

还有两本《做焦裕禄式的县委书记》，一本《不朽的丰碑——谷文昌精神干部学习读本》。

廖俊波把焦裕禄、谷文昌两位前辈视为镜子和榜样。

他发现了自己的短处，“同样作为县委书记，对照焦裕禄、谷文昌精神深学细照笃行，不论是党性原则还是奉献精神，不论是求实作风还是为民情怀，都有不小的差距”。

怎么办？唯有动起来、干起来，以行动告慰先辈，赢得未来。

他坚信“以干得助”。

既然是“地方团队的领头雁”，自然要夙夜在公，时刻领跑。但一天只有24个小时，再忙也不多给一分钟。那就只好跟时间赛跑。

1968年生人，属猴的廖俊波，恨不得真的是孙悟空，有三头六臂，把一分钟掰成八瓣。

“将军赶路，不追小兔”。廖俊波则是“书记赶路，饿着肚子”。有时两个会要连轴开，会间5分钟，一个盒饭，他就把晚餐打发了。如今，他的办公室里还散落着方便面和饼干。

爱人林莉有时也烦了：“好不容易在家吃个饭，也要拿着电话谈工作！”

平时跟他通个话，多数时候是要给掐断的。林莉慢慢摸索出了规律：要么晚上过了 11 点再联系；要么问问身边工作人员，看他是否有空闲；要么提前给他发短信或微信，预约时间。

跟自己的丈夫通个话，说个事，还要预约！尽管早已习惯了，林莉偶尔想起还是窝火。

她何尝不知道，眼前这个跟自己厮守了一辈子的男人，心里想着的是：干活干活，有事干，干成事，才是真正地活着。

她更清楚，还有更大的支撑驱使着自己的男人在闽北大地上疾走。

“我知道，当你面对党旗举起右手宣誓的那一刻起，你就不完全属于这个家了，更多的，你属于党，属于党的事业。”在廖俊波同志先进事迹报告会上，她深情地向丈夫诉说着“懂你，是最长情的告白”。

她心中明白，自己的男人想着的是天下百姓事。“能够当一个领头人，让 23 万政和百姓过上更好的生活，这是一件很美妙的事。”这是他幸福的源泉。

他到任时，政和在全省垫底，第二年县域经济发展指数提升 35 位，第三年首次进入全省县域经济发展“十佳”。2015 年 6 月他被授予“全国优秀县委书记”称号。

“我们只有一个共同的愿望，一切为了政和的光荣与梦想；我们只有一个共同的声音，那就是政和好声音。”操着一口“闽普”，特别是“会”“费”不分的廖俊波，曾经以万丈豪情，令政和人心潮澎湃。如今，政和人正在传颂着“俊波好故事”，收集着“俊波好声音”。

“人和政通泽桑梓，品正德高志如松。”缅怀的声音、惋惜的声音、奋进的声音，与“俊波好声音”一道，正在闽北大地上空汇聚、升腾。

二

对己：“忘身为国尘氛尽”，心向君子且践行

工作节奏如铁人赛选手的廖俊波，不时透出自己的一颗文艺心。

跟青年座谈，他引用的是美国作家塞缪尔·乌尔曼的精短美文《年轻》片段：年轻“是情感活动中的一股勃勃的朝气，是人生春色深处的一缕东风”。

“心中为念农桑苦，耳里如闻饥冻声。”借用白居易的诗句，他表达心迹，自励自勉。

不必惊讶。学物理出身、搞经济建设有一套的廖俊波，曾经是个典型的文艺青年。

他写得一手好字，对书法很痴迷。在南平师范高等专科学校就读时，还是校书法协会物理系理事，获得过校书法大赛三等奖。在他家个人的书柜里，摆放着一本《如何看懂书法》，还有一本书法大家启功的《浮光掠影看平生》。

后来，他把这个爱好闲置了。没有时间，是个原因。更重要的是，他曾经说过，在县委书记这个位置上练书法，不合适，好像给人家一个什么信号。

有时也馋。林莉透露，如果深夜有点边角料时间，他就打开电视看看书画频道，过过瘾。

除了书法，他对摄影也有着浓厚兴趣。读师专时就担任校摄

影协会理事长。后来，他基本上不摸相机。在他办公室的书柜里，摆放着几本关于摄影的书籍，塑封都没有来得及拆下。

是不是他在以这样的方式，稍稍给自己一个安慰？

他的微信昵称是“樵夫”。

王维有诗：“隔水问樵夫。”樵夫已经在“彼岸”了，过着闲适而自足的生活。是不是在繁忙事务之余，廖俊波默默地朝着另一种生活深情打望？

他的微信头像是深蓝的天幕上，白云在飘，恰好在天际画下一个萌萌的笑脸。天高地阔，云淡风轻。他是不是有时也向往闲云野鹤般的自在？

林莉说，廖俊波问过，如果自己跟她一样还在当老师，家里的日子可能是个什么样子？“肯定更自在”，林莉回答。廖俊波不接腔。

因为没有假设。因为他把属于自己的一切都放下了。

可以设想，曾经有一阵子，廖俊波的身子里有两个声音在吵架。一个说“过好自己的日子好了”，一个说“去给别人干点事吧”。几番较量，后一个声音的分贝更大，也更有力。这一刻，他听从了信仰的召唤，他安妥了自己的内心，也笃定了自己的人生路。

他给女儿取名为“质琪”。寓意是“品质似君子，温润如美玉”。

何为君子？朱熹屡次发言：“古之君子如抱美玉而深藏不市。”“君子小人趣向不同，公私之间而已。”“君子于细事未必可观，而材德足以任重。”

这位宋代理学集大成者，一度蛰居南平境内的武夷山，兴办书院，著书立说。在目睹百姓深陷灾难漩涡之际，不禁疾呼“若知赤子元无罪，合有人间父母心”。

在廖俊波的老家浦城县，设有真德秀广场，立有真德秀雕像。

朱熹的这位追随者，曾经亮出自省自戒的“十六字箴言”，即“律己以廉，抚民以仁，存心以公，莅事以勤”。

在方位上与浦城成对角线的南平市顺昌县，清代出了一位志士，名叫饶元。听闻全闽因叛乱而沦陷，他毅然弃商从戎，并写下“忘身为国尘氛尽，荡产轻金粪土挥”的诗句，透着决绝的激越与高迈。

故土上，这些先贤们曾经发出的铿锵声音，无法确认廖俊波是否有所耳闻。不过，既然都是一方土地上长出来的果实，想必有着血缘、地缘上的亲近，以及气息上的贯通。特别是，他们都是一颗颗粗壮、光亮的果实。

何况这些闪亮的句子，都摘自图书《闽北诗谭》与《闽北典故》，它们就摆放在廖俊波书柜的显要位置。

善于向内用力的他以实际行动让这些声音落地了。

同事陈智强回忆，廖俊波有次到北京公干，空出了一个下午的时间，就跟他通话，问是否有什么公司可以临时登门拜访。陈智强知道，廖俊波的父母在北京跟他的小妹妹一起生活。好不容易空出的时间，可以歇一歇，去探亲嘛！廖俊波回话：看父母放在晚上，下午是上班时间。

南宋诗人周紫芝《竹坡诗话》载，古时有一官员，夜晚在烛光下办理公务，恰好家书送达。他当即吹灭了公家蜡烛，点燃了自家蜡烛。今有廖俊波，八小时内外多在忙公事，八小时内尽量不忙私事。

既然县委书记是“作风建设的打铁匠”，那么打铁匠自身要过硬。

“探路者”廖俊波，为了事业，为了百姓，夙兴夜寐，披荆斩棘，不断地开辟新路。一旦涉及自身，就把各个“路口”堵得严严实实，毫不客气。

林莉说，廖俊波从邵武调到南平的第二天，就在一个普通的居民小区里买下一套二手房。他告诉妻子，自己是市政府副秘书长，负责协调、联系城建工作，少不了要跟开发商打交道。早早把房子买下，以后工作上就可以省下不少麻烦。

一个见面寒暄的由头都不给。

他在政和工作时，林莉和女儿住在南平市区。母女每次去看他，只能住宿舍。有人建议，他们应该在政和安个家。林莉跟廖俊波商量，被一口回绝了，“他很严肃地跟我说，这是我当政的地方，不能这样做。如果我们不廉洁，你真的要‘悔教夫婿觅封侯’了”。

工作上是“拼命三郎”，生活上近乎“苦行僧”，有人说，这样的人，一辈子就像一张黑白照片。黑白照片的丰富与魅力，一般人，理解不来。

纷繁世界，简单至上，心安最大。

《闽北典故》记载，宋时从这里走出的理学家蔡元定有言：“独行不愧影，独寝不愧衾。”

七尺男儿坦荡荡。

三

待人：一句“我们”重千钧，百姓相认自家人

廖俊波历来对个人形象很在意。白衬衫，深色裤子，皮鞋，是标配。翻看他生前的照片，重要场合，西服笔挺，领带端正，发丝有序，不含糊。

可是，廖俊波对外在形象的讲究，并不妨碍他跟老百姓的交情。廖俊波始终是他们心目中的“廖书记”。

出生于20世纪40年代的张承富自家大门上贴着自己手书的一副对联："当官能为民着想，凝聚民心国家强"，横批"俊波您好"。

他住在政和城关渡头洋，曾经是生活垃圾随意倾倒的地方，典型的脏乱差。附近居民想改善环境，修建一条步行栈道，但迟迟得不到解决。2015年5月，张承富听人说县委廖书记不错，很务实，就找来廖俊波的手机号码，抱着试试看的心态，发了一条短信。没想到廖俊波当即回应，请他到办公室面谈。见面时，把详细情况摸清楚了，廖俊波跟他说："放心，我们一起想办法。"

张承富很细心，记得当时廖俊波说的是"我们"。

我们，意味着没有隔阂，意味着平等与尊重。用张承富的话说，这是跟老百姓坐一条板凳的自家人。

自家人廖俊波及时协调相关部门介入，并落实了专项资金。2016年6月，水泥栈道终于建成了，河道也收拾干净了。渡头洋上18户居民感觉搬了一次新家，噼里啪啦，放起了鞭炮。

张义建是当地小吃"东平小胳"制作传承人。2015年的一天，他骑着电动车去找廖俊波，讨教商标注册的事。天公不作美，中途下起了雨。说了一阵，准备离开时，雨还在下。廖俊波看着张义建湿着的裤腿，随即找出自己的雨鞋，让他试试脚，"廖书记说，'我也没有什么东西送给你，你就把这双雨鞋穿走吧'"。

这双雨鞋，张义建还保留着，装在一个塑料袋里，鞋底都洗得干干净净。

这是一双吉丰鹿牌雨鞋，52码，"MADE IN CHINA"。

廖俊波为何总是愿意跟老百姓打成一片？

民有所呼，我有所应。民有所求，我有所为。

曾经跟他一起共事的林小华发现，廖俊波跟老百姓在一起时，特别喜欢笑，是那种从内心深处发出的笑，很自然，很真诚，很有魅力。

其实，廖俊波本来就生活在百姓中间。

他在南平市居住的小区，热气腾腾。院子里有艺术培训班，小孩子吹巴乌，声音打着磕巴；美容美体中心，以“您的美丽、健康是我们的目标”招徕顾客；电梯处张贴着《无车业主的呼声》，还有告示提醒家长要禁止孩子到楼顶玩耍，忙中出乱，“玩耍”被敲成了“玩甩”。

小区门口，就是窄窄的街道，两边的小商铺次第排开。有卖主食、卖水果、卖猪肉的，有小餐馆、鲜奶吧、烟酒行，有装修店、房地产中介、福利彩票销售点。一个银发老太太还在人行道上摆了一篮子竹笋，鲜嫩、葱翠，散发着生命蓬勃气息的清香。理发店里的喇叭，在叫嚷着摇滚范儿的歌，“我相信伸手就能碰到天，有你在我身边……”老太太只好用左手捂着耳朵，右手比画着，跟人讨价还价。

廖俊波生前经常在这条路上来来往往。

这样的氛围，或许让他更真切地明白自己是谁，应该做些什么。

他说过：“不要老把自己当个官，更多的是一种责任。”他又说：“对群众要平辈论交，不摆架子。”他还说：“‘上场当知下场时。’有上场的机会就好好干，留下值得留念的印迹。”

如今，因公殉职的他，正在被人怀念，以无尽的痛，以滚烫的泪。“廖俊波”这三个字，被太多的人在心里擦拭，一遍又一遍。

“黯然销魂者，唯别而已矣。”曾经主政过浦城的江淹，著有《别赋》，首句径直地戳中人心。

与君一别，天地两隔。林莉的苦，无以言。

你走的当天，午休起床时，坐在床头，弓着身子，把脑袋闷在膝盖上，说再眯几分钟。这样的情景，林莉也是第一回遇见。她心疼。就劝你大周末的，好好睡个懒觉。反正会议是你召集的，就做个主，往后推一推。你睡眼惺忪，笑着说：会议已经安排好了，不能改呀！强打精神起了床，拎起衣服和公文包，你就走了。

这次，是真的走了！

现在，林莉只能无数次地责备自己，甚至憎恨自己，“我后悔呀，后悔自己怎么就没有任性一次呢？如果我跟你吵，跟你闹，那样，兴许就留住你了”。

曾经的“老上访”刁桂华，一边毫无顾忌地哭得上气不接下气，一边说着心中永久的遗憾，“现在……我连他……的声音……都……听不到了”。

当地企业家宋宏华对你也有“怨言”。他说：“廖书记是讲究传统的。有句老话，叫‘礼尚往来’。他那么帮我们办企业，但是只有‘来’，没有‘往’。”渐渐地他也明白了，你要的“往”，无关个人，而是企业壮大了，多让百姓受惠。你在，企业像是有爹有妈的孩子。

其实，你就是个火车头，牵引着这片土地往前奔。现在，你要歇歇了。但有无数的火车头，在不同的地方，一边感动于你的故事，一边牵引着脚下的一方水土，共同协力牵引着这个国家 960 多万平方公里的土地，沿着正确的方向，稳步前行。

“没别的了，只有把事情做得更好！”宋宏华设法让自己放下悲伤。

政和县铁山镇大红村村民何荣梁，跟你素昧平生。几番耳闻目睹，他发现你是一个能干事的官，“手脚”还干净。

当噩耗传来时，他正在南平市区看护双胞胎孙女。等孩子们午休了，他撇下老伴，冒着“一窝一窝”的雨，送来手书的挽联，“主政政和四年间，施展才华天地新；光荣梦想不空谈，俊波书记美名扬”。还专门买了供品，梨的寓意是“老百姓离不开你”，火龙果表达的是“今后要努力，把日子过得红红火火”。

60 多岁的他，在你的身边跪下了。按照当地习俗，年长的，不跪年少的。他顾不上了。

他跪着说：“廖书记，人人都说你是好官，我也来跪拜你！”

为百姓办实事的人，生前身后不寂寞。

《闽北典故》记载，元代李荣昉任松溪县尹，为民请命，不辞辛劳。调任时，民众扶老携幼相送，“我有田畴，李侯辟之；我有老幼，李侯翼之”的歌谣随之广为传颂，并铭刻于碑。

给百姓做好事的人，自古至今被铭记。

你在政和的日子，千年古城一年一变。有人不禁口占打油诗一首：“政和人民好福气，来了一位好书记。清正廉洁好气质，带领我们出成绩。”

在渡头洋，经张承富老人提议立起了一块碑，名为《栈道记》。碑文首句是“星溪上河边路栈道在县委廖俊波书记的关怀下……”

落款时间为 2016 年 8 月 16 日。

其实 10 个月前，你已经就任南平市人民政府副市长了。

那有何妨！在政和人心目中，你是永远的廖书记。

站在碑前，张承富老人神色凝重。

他说：这个人吧，不容易。

他用手掌抹了抹眼睛。

他又说：这个人吧，很难得。

他用胳膊抹了抹眼睛。

他还说：这个人，可惜了。

他望了望缓缓流淌着的七星溪……

2014 年 12 月 2 日，在政和县第二十二次团代会开幕式上，你告诫在场的年轻人，要注重事业的积累，“人不管走到哪里，身后都有一个碑在。你的事业积累越丰厚，你身后碑的基石就越坚固，你人生的这个丰碑就能树得越高”。

你以自己的言行，以自己的生命，以自己的信仰，在身后树起了一块精神的丰碑。

新时代，新丰碑！

周炳耀：“细细”做事　“轻轻”为人

照片上的周炳耀消瘦，脸部轮廓清朗，眼睛眯成缝，笑得自然又有几分羞涩——亲切如“邻家大哥”。

福建省宁德市古田县卓洋乡庄里村村民说，我们的这个村支书，平时见人就三分笑，很和气，“团结很好”，而且“没有一点生气的态度”，大家都喜欢喊他“耀仔”。

在卓洋乡党委副书记李霞看来，这个人，感觉很“轻”，平时基本上感受不到他的存在，只是自己在那里细细地做一些事情，很平常的一个人。

就是这么一个人，2016年9月15日，中秋时节，在抗击第14号强台风“莫兰蒂”前线，为确保群众生命财产安全，挺身而出，不幸落水，被急流吞没，生命在45岁的坎上落下响亮而悲壮的休止符。

人已逝，再回望，发现恰恰是平常，蕴藏着博大力量。四季轮替，日升日落，大自然的平常，孕育着人间万物的生机勃勃。而人的平常，如涓涓细流，默默无息，却涵养着一方水土，温润着他人心田。

“全国道德模范”周炳耀，就像他的名字，有“火”也有“光”。这似乎印证了这么一句话：在你不知道的角落，有人在温暖世界。

一

“有事找耀仔”，遇到难事、急事、大事，他总是第一“落点”

周炳耀生前居住的庄里村，共有124户414人。如果说“414”是分母，他这个“分子”的分量最重。因为一旦遇事了，在村民心目中，他几乎总是第一选项。

他个人有一辆二手的“比亚迪”，俨然成了整个村子免费的急救车。

2012年2月，村民张清湘上山砍柴时，不慎摔断了脊椎。家人试着找周炳耀帮个忙。踩脚油门的事，走！这一趟是到古田县医院。从庄里村到古田县的路，我是坐车经过的，摇摇晃晃，坑坑洼洼，车子深一脚、浅一脚地往前探，不说开车人，坐车人也得全神贯注，给自己捏把汗。这一个来回就是三个多小时。

2013年，村民刘长钟73岁的老父亲不小心从自家二楼跌下，导致骨折。在田地里干活的周炳耀得知情况，放下锄头，踩脚油门的事，走！这次是到宁德市的医院，一趟就70多公里。

2014年夏季，村民张巧明4个月大的女儿突发高烧，深夜一点多钟，她硬着头皮敲开了周炳耀家的门。踩脚油门的事，走！先到乡里，条件有限，处理不了，于是直接奔向福州。这一路，要穿过一个隧道又一个隧道，打个来回就是300多公里……

这辆车还是免费公交车，并且具有随叫随到的“功能”。

村民周炳增回忆，有一年，正值农忙，他请了隔壁树兜村的7位村民到家里“打个短工”。傍晚，雨下个没完没了，这7位怎么也坐不住，吵着要早点回家，搞得周炳增焦头烂额。忐忑之中，还是拨通了周炳耀的手机，毕竟是个“不情之请”，只好含含糊糊地把事情的原委说了一遍。没几分钟，车就来了。送一趟，再送一趟，乐此不疲。

受人恩情，自然是要感谢的。周炳耀不理会，笑着摆摆手。退一步说，汽油费还是要给的吧？还是笑着摆摆手。

“要我说，他这个车，就是一辆为全村人服务的车！”75 岁的老党员周传仓总结道。

车老是在路上热心地奔波着，当然是因为人是个热心人。

2016 年 8 月，村民刘长营遇到一件烦心事，他家养殖场里的几千只鸭子患上了禽流感。他心急火燎，把药搬回家了。村里没有兽医，怎么给鸭子打针？“有事找耀仔”的观念牵引着他闯入了周炳耀的家。按说这是八竿子打不着的事，但这位村支书还是跟刘长营一道，“在游泳中学会游泳”，干起了兽医的活儿，“自学成才”。

村里在外务工的多，到了上交医保、社保费用的时间，全国各地的电话一个接一个地涌向周炳耀。他一一记下，抽出时间把事情办得妥妥的，解决大伙儿的后顾之忧。

说白了，这个村支书就是个“驾驶员”“勤务员”。有人说，“被需要”是一种幸福。周炳耀总是被庄里村的村民需要着。他的好，村里人惦记着。遇难的消息散开，在外务工、平时难得回趟家的，纷纷冒着台风的余威设法赶回来。周炳增是连夜从杭州回到村里的，黄荣勤是从湖北回来的，先坐趟火车，再倒趟火车，再转大巴车、摩托车。辗转一路，目的只有一个：到这位村支书的遗像前洒把热泪，扎扎实实地三鞠躬。

二

他笑着说：“几块钱的事！”村民含着泪说：“这个意义很重！”

台风“莫兰蒂”的破坏力至今令人心有余悸。74 岁的村民周传义说：“那天的雨，用‘倾盆大雨’远远不够，说‘倾缸大雨’还差不多。”

2016 年 9 月 15 日凌晨，“莫兰蒂”登陆福建。6 时许，周炳耀披着蓝色雨衣、穿着拖鞋，顶着“倾缸大雨”出门了。按照事先部署，他和村支委张华忠一路同行、一道巡查，排除隐患。

“当时，怎么说呢？水叫着喊着往下冲，跟老虎出山一样，跑得比汽车还要快！”张华忠形容道。

他们小心翼翼，来到村民张丽翠家旁的涵洞前。大水急匆匆往下奔袭，将沿途的杂物裹挟其中，累积到一定份儿上，生生把涵洞给堵塞了。急速的水流给阻挡了，被迫改道，就一股脑地往四周翻涌，朝临近的房子墙面横冲直撞，找到空隙，一顿猛灌。

张华忠说，周炳耀就蹚水到桥面，着手疏通涵洞。他紧紧抓住堵塞着涵洞的一根竹竿，使劲拖拽，竹竿的另一头缠绕着一堆杂物。竹竿松动的瞬间，水流湍急，形成的力将周炳耀拖入水中……

假如周炳耀不及时出手，会是什么情况？9 月 28 日，在出事现场，张华忠指着涵洞周边的 7 栋土房子，说这些房子很可能就垮了。

责任在肩，周炳耀心里清楚要干什么。关键时刻，“驾驶员”“勤务员”成了大家的“守护神”。

庄里村的乡亲习惯了他的好，他也习惯了乡亲们的一声召唤，

“要我帮忙”，没问题，上！但他并未止步，而是朝着“我要帮忙”的路子走。

2015年冬季，村里遭遇寒潮，不少人家的水管、水表都冻裂了。周炳耀是个“多面手”，水电工技术就不赖。“大显身手”的时候到了！于是挨家挨户地排查，能修的就修好，坏了的就换一个新的。

还是老路子。村民要给工钱，他笑着摆摆手。材料费总是要给的吧？还是笑着摆摆手，“用的都是边角料，废品，不值钱”。

周传仓跟周炳耀的父亲有过纠纷，想着“贵”为村支书，周炳耀肯定要向着自家人。但周炳耀不计较这些，从中撮合两位老人握手言和，还把他这个外人视为“自家人”。有时候遇到收电费的，不在家或者身边没带零钱，恰巧让周炳耀碰见了，二话不说就垫付了。见面时再还上，得到的答复是笑着的回绝：“几块钱的事！”

“人有这个肚量，不容易！干部都这样，老百姓还不鼓掌拥护？这确实是几块钱的事，但这个意义很重！”周传仓眼含着泪，竖起了大拇指。

三

满腔热情地解答与群众相关的“题目”

村里人说，有时觉得，周炳耀这个村支书没有个村支书的“样子”。后来又觉得，村支书就应该是这个“样子”。

周炳耀到底是个什么“样子”？他的儿子周铭灿摇头：“我也不知道怎么说。”女儿周巧烂叹息：“我也说不来。”他们只知道，这是一个超级暖心的“老爸”。

周铭灿要到辽宁务工，“儿行千里父担忧”，左叮咛，右嘱托，“尽量对人好一点点。”“不要跟人争执，不要大声嚷嚷。”“碰到事了，就慢慢解决，不要着急。”起初，周铭灿觉得这有点“婆妈”，跟不上时代，“后来我经历了一些事，才知道他是对的”。

周巧烂远嫁海南。每次回娘家，周炳耀把她“供着”，让她安心当“娇娇女”。2016 年 6 月回家，她正要起身洗碗，就让周炳耀抢先了。周巧烂觉得“老爸”很可爱，掏出手机，在客厅远远拍下周炳耀洗碗的视频。只见周炳耀弓着腰，麻利地干着家务。如今这段视频，也让周巧烂“供着”，成为内心深切怀念的一丝慰藉。

儿女都“远走高飞”，身边的壮劳力也在远方干得有声有色，周炳耀为何总是“按兵不动”？要说他会开车、懂维修，水电工也能来，种香菇技术有一套，也到北京、深圳见过世面，人缘又不错，出外务工肯定是把好手，可以把日子过得更红火。周传义说，村民有时也开玩笑，说他就像个“老母鸡”，趴在窝里不出门。

他的兄长周炳铨知道，父亲年事已高，妻子又是个老病号，让他心甘情愿留下来，用肩膀去扛起男人的责任。他的兄长可能不知道，这个弟弟还有别的追求。

“作为一位村支书要时刻牢记群众利益无小事，真心诚意地为群众办事，满腔热情地为群众解决实际困难和题目，多换位思考，用真情感化和凝聚群众。”这是周炳耀手写在“古田县卓洋乡庄里村民委员会”稿纸上的誓言。

或许，共产党员周炳耀把短暂的一生视为一个“解题”过程：群众出了“题目”，他就一笔一画地认真解答；群众不出“题目”，他就自己找出“题目”，再用心解答，目的是尽量让群众少遇到“题目”。

为什么在村民面前，他总是能做到有求必应，甚至还“没事找事”？为什么多年来他坚持四处筹资、自己垫资，修道路，立路灯，建老年人活动中心，热心向贫困户传授香菇种植技术？这似乎就是答案。

在“江村”，读费孝通

“每一种文明都是美的结晶，都彰显着创造之美。一切美好的事物都是相通的。人们对美好事物的向往，是任何力量都无法阻挡的！各种文明本没有冲突，只是要有欣赏所有文明之美的眼睛。”2019 年 5 月 15 日，习近平主席在亚洲文明对话大会开幕式上的主旨演讲中，就共同构建亚洲命运共同体、人类命运共同体提出四点主张，其中就包括“坚持美人之美、美美与共”。

这篇主旨演讲，收入在《习近平谈治国理政》第三卷。

时间再推至 6 年前。2014 年 6 月 28 日，习近平主席在和平共处五项原则发表 60 周年纪念大会上的重要讲话中强调，要积极树立双赢、多赢、共赢的新理念，摒弃你输我赢、赢者通吃的旧思维，“各美其美，美人之美，美美与共，天下大同”。

“各美其美，美人之美，美美与共，天下大同”，是 1990 年费孝通访问日本期间提出的重要观点。

江苏省苏州市吴江区七都镇开弦弓村，也就是费孝通笔下的“江村”，建有费孝通江村纪念馆。这里展出了他手书的十六字名言，字体娟秀、平和，笔墨之间透着一股文气。

开弦弓村民委员会办公室里，他的《江村经济》摆在架子上，可以随手取阅。一个村子里，来者是客，见面礼是书，堪称一景。这是一本社会学著作，是费孝通 1938 年用英文写就的博士论文，

1985年首次翻译成中文。直至今天，这依然是一本“活”的书。

2020年9月，在费孝通先生110周年诞辰之际，行走在江村，透过江村朝外看，你能分明感觉到，这位“著名的社会学家、人类学家和社会活动家”所倡导、阐发、践行的理念，依然是“活态”的，也是有穿透力的。他走过的路，他想问题的方式，他身上彰显出的精神品格，为当代知识分子如何治学提供着启示与镜鉴。

一

“‘天下兴亡，匹夫有责’和‘学以致用’，是为学的根本态度”：以“士”之本色扛起“士”之担当

开弦弓村有个角落，设有木制的花籽取用亭。三面墙壁上悬挂着的废弃轮胎，都被漆上了蓝色、红色或黄色，内槽放置着一袋袋花籽，供人自取。

村党委书记沈斌说，开弦弓村早就启动美丽庭院建设项目，通过对一些公共区域的改造，美化村庄环境，引导村民养成良好的行为习惯，形成风景优美、关系和谐、民风淳朴的新风貌，“设置这个花籽取用亭，就是提醒大家，有空的时候可以在房前屋后种点花，只要你愿意种，花籽由村里提供，也就是想提高大家美化环境的自觉性”。

让一个村子变得更美更清朗，背后是国家战略的支撑。

2019年12月，中共中央、国务院印发《长江三角洲区域一体化发展规划纲要》，提出上海青浦、江苏吴江、浙江嘉善为长三角生态绿色一体化发展示范区，示范引领长三角地区更高质量一体化发展。设立示范区，“有利于率先将生态优势转化为经济社

会发展优势，探索生态友好型发展模式”，更是“实施长三角一体化发展战略的先手棋和突破口”。

瞩目长三角，是费孝通学术生涯的一个重要主题。

他曾经设想建立长江三角洲经济开发区，“以上海为龙头，联合江、浙两省部分地区，积极开发，重建东方大东港”。

1990 年 6 月 21 日，他在一封信中写道，“长江三角洲事……我的看法：大势所趋，迟早要走这条路的。……中央态度是明确的，还是要发挥地区总体优势的”。

过了 9 年，他在上海大学上海社会发展研究中心揭牌仪式上继续建言：“上海要真正成为中国的一个经济中心，不能只靠自身的力量，还必须联合其周围的苏州、无锡、常州、南通、杭州、嘉兴、湖州、宁波这八员大将。”

费孝通的学术研究，有“全国一盘棋”的考量。

“今日长三角的发展正是费老昨日的期盼。”吴江区委党校原常务副校长徐枫说。

在吴江，“费老”是特指的称呼，也是神圣的称呼。

在徐枫看来，费孝通的区域发展思想，就是形成经济体、经济圈、经济带，让两地或多地“求同存异”创造条件发展经济，致力于共同富裕的宏伟目标。

在晚年，费孝通写道：“最近一段时间，我把自己多年来的一条基本思考路线打通了，理出一个框架，就是‘江村经济—行行重行行—文化自觉—天下大同’，其中包括了大家比较熟悉的一条具体路线，即‘江村—小城镇—中小城市—以大中城市为中心的经济区域’。”

92 岁高龄时，他手书四个大字，“登高望远”。由“江村”出发，他就一直在践行着这四字箴言。

“人家是少壮东南走，我是老马西北行。哪儿穷，就到哪里去，越是穷的地方越是要去。”在费孝通江村纪念馆，他的这段自白，单独陈列，字体的大小和色彩都更加突出一些。

二十六访江村，三访温州，六上瑶山，八访甘肃……身体力行，跟踪考察，费孝通的动力源在哪里？

开弦弓村的文化礼堂也是个书吧，费孝通的著作自然是这里的主角。门外秋雨飘，闲坐闻书香。偶然间读到一段他的文字，他说自己身上存在着中国知识分子的传统烙印，“随手我可举出两条：一是‘天下兴亡，匹夫有责’；二是‘学以致用’。这两条很可以总结我自己为学的根本态度”。

古老传统，自觉延续。

“乡土情结，书生情怀，让费老始终保持‘士’之本色，又与时俱进扛起‘士’之担当。”吴江区政协文化文史委员会主任凌龙华说。

“士”的风范，为人景仰。

2020年考入清华大学的本科生，在收到录取通知书的同时，还收到了费孝通的《乡土中国》。这是清华大学校长邱勇专门赠送的。

在致新生的信中，邱勇写道，《乡土中国》是一部饱含家国情怀的经典力作，“费孝通学长基于大量扎实的社会调查，以简洁平实的语言勾画出中国基层社会的基本面貌和主要特征，探寻了家国乡土深处的文化根脉”。

他向学子们推荐这本书，是基于我国努力克服疫情不利影响、全力决胜全面建成小康社会、决战脱贫攻坚的特殊背景，“阅读这本《乡土中国》一定能让你们对生于斯长于斯的这片热土有更深厚的感知，对自己肩头的责任有更深刻的体悟”。

刘洋芳毕业于苏州昆山震川高级中学，当年考入清华大学临床医学类（协和）专业。在她看来，作为著名学者，费孝通学长不是高高在上的，而是习惯了脚踏实地做事情，“正好贴合我们清华‘行胜于言’的校风”。

当年刚满 18 岁的她，曾经计划投身一些热门的工科领域。经历了这场疫情，她放弃原本所愿，不顾及那些轰动一时的“医闹”，不考虑学医的周期更漫长，“我告诉自己，做一名医生吧，这份社会责任里需要我”。

二

“生命、劳动和乡土结合在一起，就不怕时间的冲洗了”：既能“具体”下去，又能“抽象”上来

在江村的雨中，偶遇刚刚抵达的吴峰雪。

她是同济大学建筑与城市规划学院博士生，是驻村设计师，在房屋设计和建筑改造设计上提供服务和参考。她也计划把江村作为自己博士论文选题的一个方向。

费孝通是从社会学、人类学的视野研究江村，吴峰雪是从建筑和规划的角度来看江村，“建筑也体现着乡村形态和社会生产生活的变迁，和社会学的研究是有交叉的，我希望有一些新的发现”。

来江村多少次了？数不清。《江村经济》读了多少遍？数不清。她觉得，这本书写得翔实、诚实、朴实。

翔实，也就是观察细致，记录完备；诚实，说的是反映实情，不玩虚招，研究的是真问题；朴实，关乎文风，清晰、晓白的文字，让人读得懂。

“我是不是没有资格这样评价？”吴峰雪有点着急。这个年轻博士，对费孝通充满敬意。

她在江村期间，住在周小芳家里。

沿着求知弄往里走，有一栋三层的白色小楼，就是周小芳开的足迹民宿。农家小院，齐整有序。“江村在，人们就会沿着费老的足迹，走进江村的昨天、今天和明天。”门口的这行字让她的家显得有些不同。

“1957 年，费老二访江村的时候，在我们家里住了 20 多天。1981 年，在费老三访江村的时候，村里派我和另外几位小姑娘接待过费老，还留下了珍贵的照片。”周小芳说。

现在，她的家，一直在接待费孝通的追随者。

墙上有一张合影，配文称，2013 年中国人民大学博士王莎莎在江村调研，半年多来一直住在她家里。

这年春节，王莎莎是在江村度过的。她成了周小芳家中的一员，融入其中，参与了他们的生活，体会着他们的感受，站在他们的角度来理解他们，实现了“参与式观察”。她凭借研究成果《江村八十年——费孝通与一个江南村落的民族志追溯》，获得博士学位，如今任职于中国社会科学出版社。

接到电话采访邀请时，出生于 1986 年的王莎莎第一反应是：“我们要不要见面聊一下？”到现场，面对面，是她偏好的工作方式。这也是对费孝通治学精神的传承。她的导师赵旭东是中国人民大学社会与人口学院人类学研究所所长，师承费孝通。

“费老二十多次访江村，都是亲自上阵，到农户家里，去听、去看、去感受，观察生活细节，搜集第一手材料。如碰巧有人家办婚事，他要去看看新房里有什么摆设，添置了哪些物件，人们的穿着如何，婚宴上有哪些菜肴。在这个基础上来认识农民生活的变化，再进行比较、提炼和升华，形成理论观点。”王莎莎说。

吴江区政协主任科员冯月根曾经多次与费孝通有过接触。他也发现，在调查走访时，费孝通不喜欢把大家请到会议室里来，而是坐到农户家里，在具体的环境中跟人聊天，“费老经常跟我说，要多观察、多记录、多思考”。

既能“具体”下去，又能“抽象”上来，这是费孝通的一个真功夫。

于是，读《江村经济》，可以读到有意味的场景：“我曾经看到，一些年轻的丈夫，经过一天忙碌的劳动，在傍晚余暇的时候，笨拙地把孩子抱在手里。”

还可以读到传统风俗的余韵：“安于简朴的生活是人们早年教育的一部分。浪费要用惩罚来防止。”节俭是受到鼓励的，“例如，不许浪费米粒”。这与当前全社会倡导的“浪费可耻、节约为荣”是一致的。

更可以读到基于深入洞察而得出的有力结论。比如，“传统的阴历最广泛使用在记忆动感情的事件以及接洽实际事务等场合”。还比如，“如果说人们的土地就是他们人格整体的一部分，并不是什么夸张”。

对一片土地的深情，支撑起费孝通漫长的学术之路。

“逝者如斯而未尝往也。生命、劳动和乡土结合在一起，就不怕时间的冲洗了。”吴江松陵公园有费孝通墓，这段碑文摘自他的一篇短章《吴江的昨天、今天、明天》。

三

“口袋里只有10块钱了，只能再工作10年，好好地花”：要以旺盛的创造力拓宽学术的深度

在费孝通江村纪念馆，有1947年费孝通夫妇和清华大学学生的合照，我们认出了张祖道的身影。

他当时在清华大学社会学系就读。后来多次陪同费孝通到江村进行田野调查，拍摄了大量图片，整理成册，出版《江村纪事》，已经成为研究江村的重要文献。

1982年1月，在江村，费孝通跟他说：“我已是70岁出头的人了，口袋里只有10块钱了，也就是我只能再工作10年，干到80岁到头了。”他希望张祖道也数一数自己口袋里剩下多少钱，“好好地花，别浪费了”。

这给张祖道以警示。“听了老师的教导、启发，我头皮一紧，心头涌出一股急迫感。”他在《江村纪事》中写道。

基于脚下的土地做大学问，在时间的空隙处创造性地打捞学术成果，可以说是费孝通善用的法宝或秘诀。

肥沃的土地，加上用心的伺候，肯定长出好庄稼。好庄稼，自然就有好营养。

滕怡诚和谢林锋都毕业于苏州中学，他们2020年以《乡土中国》为伴，步入清华大学。滕怡诚说，读了《乡土中国》，感觉作者对乡土的理解很深刻，有逻辑性，抓住了乡土社会本质性的内容。

他主修数理，“数理重逻辑，其实人文学科也是讲逻辑的。这是我读《乡土中国》的一个体会”。

谢林锋读《乡土中国》，“最大的感受是我们知道了乡土

中国是个什么样子，进一步想，我们应该如何来认识和审视乡土中国，从而建设更美好的社会”。

他被清华大学未央书院数理基础科学和建筑环境与能源应用工程双学位专业录取。两人都出生于2002年。

“00后”，新生代，有回声。

影响的波长不断地向外辐射。

2020年9月17日傍晚时分，江村细雨绵绵。在足迹民宿闲翻微信，恰好看到作家出版社编辑周李立通过朋友圈表达心情：《乡土中国》超50万册，经典阅读总有恒久的力量。认知中国乡村，精粹更在费孝通先生的《江村经济》。

她是作家出版社版本《江村经济》和《乡土中国》的责任编辑，也是个“80后”作家，写过不少小说。费孝通的作品，对她的文学创作以全新的滋养，“感觉写中国故事之前，读懂了这两本书，就如妆前打了个很好的底”。

“乡土本色”“家族”“男女有别”“血缘和地缘”……周李立说，从《乡土中国》的这些章节名就可以看出，这本书里藏着理解中国社会的“钥匙”。

在创作时，她一直困惑于自己无法经历以往的历史，毕竟当下的生活是历史长河顺流而来的。同时，她也困惑于自己没有真正体验过乡村生活，毕竟中国社会历来是以乡土为基础的。

“这两种背景是我写作时所欠缺的，只好通过阅读的方式来弥补。《乡土中国》《江村经济》让我逐渐学习着用费孝通先生的目光去理解我们的历史、理解我们广阔的乡村。”周李立说。

袁隆平说健康

“我是 76 岁的年龄，50 岁的身体，30 岁的心理，20 岁的肌肉弹性。”话音刚落，“中国农民”袁隆平自己就开心地大笑起来。

2006 年第一次见到袁隆平，还是在那个经典的场景：杂交水稻试验田。当记者问他，已经 76 岁高龄，为什么还能够坚持在科研实践第一线时，他作出上述回答。

记者顿时对他的健康经发生了兴趣，询问他保持健康的秘密，对此，袁隆平的经验是：一是保证身体健康，二是保证心理健康。

长沙一中的一位学生记者问袁隆平对他们这一代有什么嘱托，袁隆平很干脆地说：“把身体摆在第一位！”

袁隆平动情地对小记者说，现在孩子的学习压力太大了，不注意锻炼身体，容易把身体搞垮，一些小学生都戴上近视镜了，让他很痛心。所以，他希望自己两个“很聪明、很美貌”的小孙女“身体更好一些”。

身体棒棒的，再来谈理想、谈奉献。他希望孩子们都有一个奋斗目标，但目标的方向一定要正确。“这么多年来，我有失败的时候，也有苦恼的时候，但没有灰心的时候。因为我科学研究的方向是正确的。”

他引用韩愈的名言说：“世有伯乐，然后有千里马。”不过更重要的是“千里马常有，而伯乐不常有”。在袁隆平看来，奋斗目标就是“千里马”，关键是看“伯乐”怎样去发现它。

袁隆平自己是一名高水平的“伯乐”，他发现的“千里马”一个接一个。这些荣誉对他有些什么样的影响？随着一声叹息，他道出了苦衷：“自由度越来越小，隐私权越来越少。”

不过，袁隆平很快又变得幽默起来。一名记者问他如何看待“袁隆平”这个名字的无形资产评估价值达到1000万，他有些嗔怪地说：1000万太少了吧，是1000多个亿。

说到袁隆平，不能不提他拉小提琴的爱好。他说这是为了防止自己思想窄化，此外还有助于激发灵感，让自己乐观一些、开朗一些。乐观、开朗可以看成是心理健康的重要标志。

乐观、开朗的袁隆平平易近人。记者告诉他，自己老家是江西星子，跟他祖籍江西德安相邻。他说：“那我们就是老乡，都这个时代了，我们就不泪汪汪了。”说完他又大笑起来。

樊锦诗：驻心大漠护敦煌

“你彻底爱上他了，你还想别的吗？”

说话间，樊锦诗身体前倾，眼里闪耀着光芒。

她爱上的“他”，叫敦煌莫高窟。他们之间的“厮守”将近半个世纪，不离不弃。

令这位敦煌人感到欣慰的是，她的“爱人”变得越来越重要。2010年上海世博会，莫高窟受邀在城市足迹馆和甘肃馆布展。

长于上海的樊锦诗很珍惜莫高窟艺术在故乡亮相的机会。经与上海世博局商定，选送1件五代至宋时期的木雕六臂观音像，4件唐代彩塑和5件唐代写经共计10件珍宝入驻世博会，还复制了3个洞窟。她护送这些国宝奔赴上海，并参与了展厅的布置。在她看来，世博会和敦煌之间有着隐隐的呼应——

世博会是世界文明的际会，它面向未来，生机勃勃；而敦煌是历史文明的积淀，它守护过往，孕育久远。一个是象征当下的文明，一个是代表过去的文明，这两者都是人类文明的组成部分，它们虽然朝向不同，却都体现着人类文明共同的价值追求：创造、参与和共享。世博会在这三方面的表现自不待言。敦煌作为历史上牵起丝绸之路两端的“咽喉之地”，创造过东西方文明交流互通的奇迹。

不过，担心接踵而至。这次参展等于是给敦煌做个大广告，可能会吸引更多的游客直接前往敦煌参观。但由于莫高窟保护的特殊性，大量游客的涌入将对壁画造成毁灭性的损害。樊锦诗说曾经做过实验，让 40 个年轻人一起进到某个洞窟，仅半个小时，空气中的二氧化碳就增加了 5 倍，相对湿度增加了 10%，温度上升了 4 摄氏度。

“既要弘扬莫高窟的灿烂艺术，又要保护好这份世界遗产，不当历史的罪人，这是个两难！”樊锦诗说，她经常忐忑不安，睡不好觉。

所以,她有时会急躁,挠头,满头银发如飞雪,在空中划出弧线，实在憋不住了还要骂人。但更多的时候她喜欢开玩笑，笑起来像个孩子，尽兴又有几分羞涩。

就是这个老人，在庆祝中华人民共和国成立 70 周年前夕，获得“文物保护杰出贡献者”国家荣誉称号。

第一次见到樊锦诗，是参与 2008 年北京奥运会火炬传递报道时，她是敦煌站的首棒火炬手。直到前一天晚上她还不满意这样的安排，“让一个老太婆先跑，不好看”。她担心这会影响到画面转播的效果，丢敦煌的脸。

再次见到她是 2010 年在北京。她当时担任全国政协委员，两会结束后留下来办事，费尽周折才肯接受采访。好一阵打听，才找到她的住处，叫景山东街宾馆，在一个胡同里，很不起眼。她说以前国家文物局就在这附近，办事方便，还实惠，单间每天百元左右，有床，有卫生间，有电视，多好。后来国家文物局搬新家了，她对这个宾馆有了感情，就像她对敦煌有了感情不舍得离开一样，来北京还住这里。

宾馆经理郭文凤觉得这个老太太了不起，说她虽然是个“人物”，但从来不愿意麻烦别人，自己拿行李，自己打水，房间里住多少天都不用服务员打扫，整洁如新。“这样的客人现在哪里找！”

樊锦诗说话有口音，但妙语连珠。比如她说，现在有些“历史文化名城”，没了“历史”，没了“文化”，没了“名”，只剩下个“城”了，而且“城”跟“城”长得越来越像了；有个年轻人好奇地问她，莫高窟里住着的都是和尚、尼姑吧？樊锦诗说自己笑着回答：“你见过头发这么长的尼姑吗？”

她说出外开会休息时，经常有人跑过来问：“你是樊锦诗啊？”她点头说是。来者满脸惊讶：“你就是樊锦诗啊！”她揣测，这个人肯定在想：怎么是个女的？

就是这位老太太，紧握男人传来的接力棒，用女性的坚忍驻守敦煌，用女性的柔情温暖着荒漠里的艺术宝藏。男人成了坐标，勾勒出她的人生轨迹与生命传奇。

一

常书鸿：精神偶像

常书鸿，满族，1904 年生于浙江杭州，1927 年赴法国留学。1935 年秋，他在巴黎塞纳河畔旧书摊上，看到一部名为《敦煌石窟图录》的画册，震撼不已。随即放弃在法国的优越生活，毅然回国，在战火中创办了敦煌艺术研究所。历经妻离子散、家破人亡，始终以修复保护莫高窟为使命。

樊锦诗知道常书鸿这个名字，是在北京大学历史系就读期间，《人民文学》杂志上刊登了徐迟的报告文学《祁连山下》，主人公尚达的原型就是常书鸿。常书鸿对艺术的忠诚、对事业的执着让她心生景仰。

1962 年毕业实习，她和其他三名同学被委派前往敦煌。她见到了常书鸿，第一印象是这么一个大人物，怎么像个农民？

她怎么也没有想到，多年以后，有人对她的第一印象是这么一个大人物，怎么像个村姑？

也就是这次，樊锦诗体验到了敦煌生活的艰辛。没有电灯，井水又浑又苦，房子是土块垒的，门都是透风的。由于房间里没有卫生设备，她深夜到外边上厕所，刚迈出门，就看到黑乎乎的一只耳朵在摇。她想，是狼吧？心头一紧，急忙回屋把门拴上，一夜没睡好。凌晨实在憋不住，想想狼也该走了，起床一看，是头驴。

这个晚上，让生在北京、长在上海的樊锦诗苦不堪言。但第二天迈步进入洞窟参观学习，她一下子就“呆了”。

这似乎是初到敦煌的参观者的共同感受。常书鸿在文章《我和敦煌》里写道：“……灿烂的阳光，照耀在色彩绚丽的壁画和彩塑上，金碧辉煌，闪烁夺目，整个画面，像一幅巨大的镶满珠宝玉翠的锦绣展现在我们面前，令人惊心动魄，赞叹不已。”

和自己的精神偶像常书鸿一样，樊锦诗也感受到了什么叫惊心动魄：“每个洞窟美不胜收，越看越有味儿，一个跟一个都不一样，太好看了，太有意思了，我一下子就爱上了。”

“爱”有时要付出代价。由于水土不服，实习期尚未结束，樊锦诗提前回京了。第二年，她大学毕业，常书鸿写信到北大要人。樊锦诗勇敢“接招”，毅然来到敦煌。她不顾家人反对，父亲给学校写信抗议，她偷偷把信藏了起来；她也不顾自己从小体弱多病，和双胞胎姐姐不足月就出生了，落下一个动不动就发烧、晕倒的毛病；她还不顾已有了心上人……

樊锦诗坦言中途想过“跳槽”，挥别敦煌，这时常书鸿的身影就会伫立在她的眼前。“当年，常先生在巴黎画坛很有地位，喝牛奶、吃面包、住高楼，但是他却心甘情愿地来到敦煌过着像西北农牧民一样的生活，这是为什么？不就是为了保护好敦煌艺术！他能做到，我觉得我也行。”

曾经的苦，她忘了，或者不愿再提，但是她记得那些“甜”。比如说常书鸿经常邀请年轻人到他家吃饭，“他的红烧肉烧得很好”；1981年中秋节，敦煌通电了，“这真是一个了不得的大喜事”；更让她震撼的是1995年夏天的一段经历。

据史料记载，公元366年的一天，一个叫乐僔的和尚从中原云游到敦煌，面对三危山参禅入定。当他睁眼时，只见对面的山上发出万道金光，似乎有千佛现出。乐僔大为震惊，心想是自己的虔诚得到了感应，决定开凿洞窟，住下来修行。以此为发端，洞窟越来越多，历经好几个朝代，成就了当今的莫高窟。

夏天是敦煌的雨季。1995年，樊锦诗时任敦煌研究院常务副院长，一天傍晚，她现场监督工作人员垒沙包，以免莫高窟受到洪水的侵害。“这时我觉得余光里有亮光，一抬头，好家伙，天上整个都是金色的，金光万丈，耀眼，太壮观了！一会儿就没了，我就看到过这一次。”

无独有偶。常书鸿在跟日本友人池田大作对谈时，提及20世纪50年代，他也见过这样的情景：“……三危山的背后是渐渐变暗的天空，前方是暗淡的呈茶色的沙漠，唯有照在三危山上的夕阳显出极为清晰的金黄色。在带状的金黄色背景下，山脉看上去宛若千尊佛并列而坐。”

或许，敦煌以这样的方式回馈着孝顺她的“儿女”——常书鸿被誉为“敦煌守护神”，樊锦诗被誉为“敦煌女儿”。

二

王圆箓：反面典型

王圆箓，即王道士，祖籍湖北麻城，生于陕西，在酒泉入道修行，后云游到敦煌。1900年6月，他揭开了莫高窟藏经洞的秘密。敦煌的大量珍贵文物经过他的简单交易流失海外。

“不做王道士！”

刚走上领导岗位，樊锦诗就给自己设下了这样一道心理防线。

尽管时代已经是天壤之别，“王道士那时国难当头、国运不济，现在奥运会、世博会都在我们国家举行了，完全是两回事”。但樊锦诗说，新形势下有新问题。

对世界遗产，有个通病是“重申请、轻保护，重开发、轻管理”。这个“病”也传染到了莫高窟。

1998年，有关部门计划将莫高窟和某旅游公司捆绑上市，理由是通过现代资本运作提升莫高窟的旅游价值。刚刚就任敦煌研究院院长的樊锦诗顿时傻了眼。“这不是要把这些洞给卖了吗？”

她心急如焚，四处奔走，抛却了学者的风范、女人的矜持，据理力争，拍了桌子，骂了人，硬是把这场风波给平息了。

她担心留下骂名，“世界上只有一个莫高窟，出了什么问题，我是要承担责任的”。但同时她更清醒地意识到，莫高窟不姓“樊”，“在莫高窟保护上不能有‘我’，否则就麻烦了”。

小心翼翼，谨小慎微，战战兢兢，如履薄冰……每次面对莫高窟的九层楼，樊锦诗说这些字眼就会在脑海里闪现。

研究院要建办公楼，她主张选址和九层楼要保持距离，并且叮嘱建筑设计师：你不要想通过这栋房子来突出你的设计风格，而是要想着怎么跟莫高窟相协调，没有你自己，只有莫高窟，这样才能显示出你的能耐。

但是，“不做王道士”，不等于闭门造车，与国际上不相往来。

她很清楚，莫高窟的这些洞都有“病”，要及时治疗。她与古遗址保护经验丰富的美国盖蒂保护所取得联系，经过中外专家的共同努力，如今的莫高窟已经形成了从外到内的系统保护网络。

三

彭金章：执手爱人

彭金章，河北肃宁人，1937 年生。1963 年毕业于北京大学考古专业，1963 年至 1986 年任教于武汉大学历史系，后供职于敦煌研究院考古研究所。

樊锦诗和彭金章是同班同学，毕业前他们就相好了。结果分配工作时，彭金章去了武汉，樊锦诗到了敦煌，天各一方。

樊锦诗说他们约定，自己在敦煌“玩”三年，把壁画、彩塑看个遍，就奔向武汉，两人成家。

期限到了，彭金章没见着人影，就赶往敦煌。看到朝思暮想的恋人，彭金章傻眼了：“变土了，哪像在北京读书时候的样子。”他们一起看洞窟，彭金章再次傻眼了，但他没有留下来的打算。而樊锦诗心里在打鼓，她跟莫高窟有感情了，难言离开。

翌年，他们结婚了，两地分居的生活也拉开了序幕。

“老彭这个人很不简单，如果当时他说你不来武汉我们就掰了，我没有那么伟大，肯定跟着他去武汉，但是他没有这么说。我就变得越来越‘放肆’了。”一说到彭金章，樊锦诗喜欢用“打着灯笼也难找”来形容。

彭金章也感受到了妻子坚守理想的不易。在他的记忆里，樊锦诗有过两次泪流满面。他们有了第一个孩子，原本说好了要在武汉待产，双方的老人都把婴儿用品寄到了武汉。但是樊锦诗还是在敦煌生了，彭金章接到儿子出生的电报，坐火车、转汽车，挑着担子赶到敦煌时，儿子还光着屁股等衣服穿。一见到丈夫，樊锦诗情不自禁，号啕大哭。

他们的二儿子从小寄养在河北乡下姑妈家，五岁时，樊锦诗去看他。妈认不出儿子，儿子也认不出妈。樊锦诗痛哭流涕。

“我们家四个人，有段时间分在四地，我在敦煌，老彭在武汉，大儿子在上海，二儿子在河北。”樊锦诗常感到愧疚，家成了这个样子，都是因为自己。

她和彭金章之间有过拉锯战式的“谈判”。当时彭金章在筹建武汉大学考古专业，有自己的天地，期待樊锦诗来协助。樊锦诗不依，她放不下莫高窟，反问道：你为什么不来敦煌?

“持久战”打响了。武汉大学到敦煌要人三次，敦煌以礼相待，也到武汉大学要人三次。结果双方“不欢而散”。

为了成全妻子的事业，彭金章“投降”了。1986 年，他辞去了武汉的工作，一头扎进敦煌，给妻子“打工”。但走上领导岗位的樊锦诗越来越忙，出差是家常便饭，又把彭金章一个人留在了敦煌……

好脾气的彭金章承受着这一切，甘心做着“敦煌的女婿”。他用了 8 年时间，在北区废洞窟里挖掘出大量珍贵文物，证实完整的莫高窟石窟寺院由南北石窟共同构成，从而使莫高窟有编号记录的洞窟由 492 个增至 735 个。

樊锦诗很开心，丈夫的成绩是她教育年轻人的好教材。“你看，老彭 50 岁来敦煌都干出了一番事业，你们的机会就更多了。”常书鸿的口头禅“敦煌有很多事做，而且值得做”，樊锦诗也挂在嘴边。

退休时，樊锦诗希望能好好地陪陪老伴，“去哪里住，这次得要让老彭做回主”。她笑得眼睛都眯成了一条缝。

2017 年 7 月，樊锦诗的老彭与世长辞。

在莫高窟出土的典籍里有一首描写爱情的敦煌歌辞叫《菩萨蛮》，内容是：“枕前发尽千般愿，要休且待青山烂。水面上秤锤浮，直待黄河彻底枯。白日参星现，北斗回南面。休即未能休，且待三更见日头。”

樊锦诗和彭金章之间的情感没有这般的浓烈，但是这首千年前流传下来的歌辞，印证着他们爱的足迹：历尽考验而忠贞不贰。

四

祁嘉：历史身影

祁嘉，十六国时酒泉人。《晋书》记载他 20 多岁时西游敦煌，最初贫困不堪，后来博通经史，终成一代名儒。他诲人不倦，各地讲学，身边不乏追随者。

回溯历史，祁嘉以自己的才华和品格影响着后学；今天，樊锦诗也以自己的精神和性情影响着新时代的莫高窟人。

对于名利，樊锦诗始终清醒：“莫高窟那么有名，我又在敦煌研究院院长这个位置上，还是个女的，所以大家才会关注我。我在沾莫高窟的光。”

她说，敦煌学研究能有今天的成就，莫高窟的保护能有所收获，关键在于有一群人在默默地耕耘、奉献着，成了“打不走”的敦煌人。

比如，云南汉子赵声良，1980 年考入北京师范大学中文系。由于喜欢美术，翻阅到敦煌画册时，就来了兴趣。但当时有关敦煌的书籍太少了,就有了到敦煌工作的念头。这时有日本学者说“敦煌在中国，敦煌学在日本”，更让他坚定地要为振兴敦煌学做点什么。他给时任敦煌文物研究所（敦煌研究院前身）所长段文杰写信,道出了自己的愿望。段文杰委托时任副所长的樊锦诗回信,欢迎他到敦煌工作。1984 年毕业时，他就直接奔向了敦煌。

后来，他自费到日本攻读了美学史博士学位，回国时有大学聘请他前往任教。尽管工资待遇、工作环境都要比在敦煌高出一等，但是赵声良断然拒绝了，理由包括“不回来对不住樊院长”。

在日本自费攻读博士学位时，在樊锦诗的坚持下，赵声良仍被选为院学术委员会委员；樊锦诗到日本出差，一定要找时间去看看他；每年都给他寄新年贺卡……这些都让赵声良感受到了温暖。

赵声良还对樊锦诗在学术上的严谨印象深刻。把考古学应用到敦煌石窟的研究上，樊锦诗走在了前列。她关于敦煌石窟考古的报告已经写了十多年，做了大量的考察，赵声良觉得这个报告详尽而充分，全国少有的高质量，但樊锦诗一直不肯拿出来发表。“樊院长喜欢说‘再斟酌一下吧’，在学术研究上她宁肯慢一点，要让文章经得起推敲。”

除了对自己严格，樊锦诗对员工也是严格要求。她倡导有责任地向游客开放洞窟，不仅要让游客看好，还要讲解员讲好。在莫高窟，普通讲解员也是半个研究专家。

努力地工作，这是樊锦诗认为人生唯一能真正规划的事，所以她从来不敢懈怠。她又说，自己年幼多病，活多少岁都是捡来的，所以豁出去了，活着就要做点事；她还说，希望自己离开人世的那一天，能无悔地留下遗言：“我为敦煌，尽力了。”

祁嘉在敦煌留下了一个历史的背影，樊锦诗的名字也将镌刻在敦煌的历史长卷里，熠熠生辉。

尚长荣：虎虎生气闯梨园

龙年出生的尚长荣一身虎气。

其实他的个头不算高，见人三分亲，和善有加，但傲人的威严藏掖不住，在举手投足间弥散、荡开……

特别是在舞台上，即便不勾脸，不着戏服，只要步子一稳，浓眉一锁，眼神一送，嗓子一亮，空气里都流动着属于他的气息。

而这一切并不是与生俱来的。曾经登台时他也手足无措，神情飘忽，对于主攻京剧花脸的演员而言是个大忌。

“蔫！”身为“四大名旦”之一的尚小云毫不含糊，把这么一个字抛向了自家公子，恨铁不成钢。

那是父子俩同台演艺，剧目叫《金水桥》，尚小云出演银屏公主，尚长荣出演秦英，台下父子到了台上成了“母子”。由于尚小云平时管教严厉，一到台上尚长荣就跳离到剧外，发怵，放不开。尚小云急了，细心地给儿子说戏：秦英是个任性、倔强，又有点犯浑的公子哥儿，你见了我怕，老那么“蔫”，戏怎么出得来？

“热处理”，“像一团火”，这是世人对尚小云表演风格的评价，他也这般要求自己的继承人。

“他说花脸一出来就要有‘虎气’，要有虎实劲，表演得刚一点。”父亲的点拨，尚长荣受益终生，“就是要展现出大气磅礴、雄浑阳刚之美。”

如今，已过古稀之年的尚长荣对于“虎气”的理解更简单，也更深刻了，“就是在艺术上要有气质，要有气节，就是要有骨头，不缺钙”。说话间，他的眼里放出神采，声音高出八度，有京韵念白的味道。

他花了一辈子的时间找寻、锤炼这块“骨头”。

二

“死学用活”：既是保守阵营里的“叛逆者”，又是激进队伍里的“保守者”

活学活用?

尚长荣存疑。

对于博大精深的京剧传统，“活学”是个伪命题，唯有死心塌地地学，“死磕”。

“对前辈、先贤的艺术，要尽量忠实地继承，尽量全面地掌握传统，在全面继承的基础上，有所创造。‘用活’是创造的基本要求，而‘死学’则是‘用活’的前提和保证。”尚长荣有自己的辩证法。

行动更重要。

娘胎里就开始听戏的尚长荣，在父亲的指引下四处拜师学艺，试图吃透京剧的“子丑寅卯”。

他师从陈富瑞，一字一句地抠；他师从李克昌，每句唱词里的每个字，都被要求咬字清晰，不容许“大舌头”，“我现在的嗓子耐唱，少年时代老师给练的‘幼功’是最根本的本钱”；他师从苏连汉，既学到了架子花脸的“做”，也学到了铜锤花脸的“唱”；他师从吴晓雷，这位川剧名家的风采让他领悟到，艺术你中有我，我中有你；他师从侯喜瑞，把这位“活曹操”秉承“演戏要演人，演人要演心”“发于内形于外”的艺术理念照单全收……

学得彻底，学得深入，底气盈身，他有了“变”的冲动。

“尚长荣同志表演得很出色。他为了抒发出对老班长的深厚的阶级感情，在那十三个‘为革命’的唱腔上，便以‘二黄三眼’为基础，适当地揉进了汉调。为了感情的变化，在唱法上还借鉴了老生的一些唱法。如唱到悲，运用老生的唱法，以显示低和重；唱到壮，则适应了他本行花脸腔的高亢激昂的特点。这段唱确实动人心魄。”1964 年 7 月 12 日的《光明日报》上，这般撰文评述他在京剧《延安军民》中对“老班长”这个角色的精彩诠释。那年，他才 24 岁。

这只是牛刀小试。

他消弭界限，将以唱为主的“铜锤花脸”和以演为主的“架子花脸”融为一体，既唱且演，能唱能演，来一个“铜锤架子两门抱”，努力形成粗犷深厚又不失妩媚夸张的表演风格，“力图避免长久以来形成的为技术而技术、以行当演行当的倾向，使行当和技术为塑造人物服务”。

他匠心独运，他的曹操不是“白脸”，也不是“红脸”，而是“白里透红”。这里的“白”，也不是令人生畏的“冷白”，而是柔和的“暖白”。传统戏为了达到丑化效果，经常给曹操点上一个“媒婆痣”，尚长荣则把这个“痣”挪移到眉上，以相书上的“眉中有痣，主大贵”记载为依据。

他别开生面，参与编排的《曹操与杨修》是一出撼人心魄的悲剧，但是谢幕曲却是一首深情款款的流行歌曲《让世界充满爱》。

他试图以这样的方式把观众从历史的悲情中拉回到温暖的现实，期盼历史不再重演。他更是希望以这样的方式来治一治谢幕的顽疾：“我们舞台上的戏，不管文戏还是武戏，精彩的演出之后，到了谢幕时，就成了‘乌合之众’。这个在作揖，那个在鞠躬；这个在鼓掌，那个在朝观众挥手；这个要往后走，那个要把他往前拽。看上去，观众以为这两个人在打架。你把他往中间推，他非不去，硬要往那边去。乱成一团，完完全全是‘散了架了’。”

他别出心裁，饰演的于成龙，不勾脸谱，不挂髯口，不念韵白，穿着清代服装，头上剃了个“月亮门”，还粘着胡须，以贴近于成龙身上的布衣性格、乡土气息。

他无拘无束，在唱腔设计上跳出既定模式，在充分扬弃花脸的唱腔的同时，吸取老生、旦角、丑角的唱腔，不设“门槛”，统统为我所用，为塑造人物服务。

他不安分。

也有过担心：这是不是大逆不道，胡来，乱来，瞎来？

还好，父辈早就率先垂范。

尚小云出演《摩登伽女》，烫发的头套，一袭印度连衣裙，透明玻璃丝袜，黑亮高跟鞋，还请来小提琴、钢琴伴奏，“庄严灿烂的布景，香艳新奇的舞式”。

“出圈了。”当时戏曲界德高望重的前辈陈德霖评述道。

但戏迷拥戴不已，即便演这出戏时票价要贵一点，也是场场客满。1927 年 6 月，《顺天时报》举行“征集五大名伶新剧夺魁”的投票，选出各自的最佳作品，结果 22 天时间报社收到 14091 张选票，尚小云以《摩登伽女》当选，而且位居榜首。

尚长荣的“新”与“活”，不是凭空而来，也不是节外生枝，而是成为艺术本体上的一块肉，不仅不被排斥，而且一起生长。“表面看来不讲求程式，但任何地方都没有失去程式，化到人物的言行之中，又不是生硬地卖弄、展示，这就是‘用活’。出来的效果是艺术上的自然，而不是自然主义。”

“好看，好听，好动人。”尚长荣认定，这是艺术最终的指向与归依。

所以，在“变”之外，也有“不变”的持重。

“中国京剧的本体生命与本体风格要坚守，唱念做打的根与韵不能丢弃。”他反感的是“怎么不像京剧怎么来”。

“这些美妙的旋律和程式，经过实践的多年提炼与检验，证明是有效的、客观的、可行的。按照这样的逻辑去创作，就能赢得观众，焉能弃而不用呢？”

但如今有个趋向是旧的就是老的，老的就是坏的。

尚长荣傻眼了：唱京剧的不起霸了？不整冠了？“见人都要把衣服、帽子整理一下，这是对人的尊重。起霸、整冠不过是生活细节的艺术化。”

甩胡子成多余的了？“这是京剧的语言，是情绪的外化。姑娘高兴了不也甩辫子、甩头发吗？”

不学“尖团字”和“四声”、湖广音、中州韵了？只要念大白话就行了？“看似是为了让观众听懂京剧的念白与唱段内容，但我爱听帕瓦罗蒂，虽然对其所唱内容一无所知，却毫不妨碍我对其歌唱艺术的欣赏。用肤浅的、削足适履的方式去训练年轻人是粗暴的，对京剧的发展百害无一利。千斤话白四两唱啊！”

他回忆起 20 世纪五六十年代，苏联专家高举斯坦尼斯拉夫斯基表演体系，指责中国戏曲演员穿那么厚的鞋怎么打仗，留那么长的胡子怎么吃东西，刀要得那么神乎其神岂不把自己骑的马给砍了。他给出的解释是中国戏曲追求写意之美，进而反问：欧洲人跳芭蕾舞为何要用脚尖？生活中谁用脚尖走路？要把中国戏曲艺术生活化，不如先把芭蕾舞“大脚板化”。

他早就意识到，有些东西动不得，甚至摸不得。

他想不明白，现在的戏曲界为何如此青睐西洋管弦乐伴奏。纵使是一个乡土气息浓烈的戏，也把民乐抛在一边，理由是没有气势。

“西洋管弦乐一统天下，正常吗？都有必要吗？”他诘问，并且坦承戏曲界到了重新审视这个问题的时候了。

看一些演出时，他恨不得带个噪音分贝测试仪，“演员的唱腔弱弱的，音响倒喧宾夺主，达到震耳欲聋的级别”。

跑得太远，有了误区，他要矫正。

“保守阵营里的‘叛逆者’，激进队伍里的‘保守者’。”这是他的自我定位。

二

“戏痴”“戏癌”要不得：演员要有生活，最终演的是文化

尚长荣的戏照在网络上、报纸上、电视荧屏上到处飞，但家里不曾悬挂一张。

他试图把工作和生活两分。

他把“戏”的事都放在单位解决，不管是背戏词还是吊嗓子。家，就是个享受生活的所在。

他爱好摄影，青年时代跟随父亲一起四处巡回演出，余暇就拍摄各地的风土人情，特别是拍下尚小云的系列生活照，为京剧

历史留下时代的定格。

时间充裕，他会偕同爱妻高立骊到离家不远的游泳池畅游一番，有时还带上孙儿辈，祖孙戏水，碧波荡漾，尽享天伦之乐。

京剧不只是京剧的事，这个道理尚长荣参悟得很深。

即便是工作，他也“剑走偏锋”，放弃“硬碰硬”的套路，采取迂回之策。

看电视节目成了他的灵感来源。

1979 年 3 月，小泽征尔率领美国波士顿交响乐团赴中国演出，与刘德海合作了琵琶协奏曲《草原小姐妹》，“草原放牧”“与暴风雪搏斗”“在寒夜中前进”“党的关怀记心间”“千万红花遍地开”这五段音乐，似五组美丽的草原音画，两人的合作描绘逼真，情景生动，音乐人格化了，音响形象化了。

“哎呀，太棒了，两个人简直都疯了，好极了！”尚长荣眼神里有光。

英国皇家芭蕾舞团上演《吉赛尔》。美丽的农村姑娘吉赛尔与阿尔伯特伯爵相恋，但意外的打击让她悲愤地离开了人间。林中墓地，冷月凄风。一群生前被负心的未婚夫遗弃的薄命幽灵在四处寻觅复仇的机会。伯爵来到吉赛尔墓前倾诉心曲，被幽灵们困住，吉赛尔前来相救。两个人婉转缠绵，黎明的钟声响了，吉赛尔消逝了，空留伯爵黯然神伤。

“那个肢体语言，太生动了，太感人了！”尚长荣手舞足蹈，站了起来。

他感悟到了艺术创作的一则定律：“一定要把神、韵、情贯通到极致，在动作、声音、情感上要有一个沸点。”

还是看电视，一个关于廉政的节目，出了一行字幕：“贪如火，不遏则燎原；欲如水，不遏则滔天。”彼时，他正在排演京剧《廉吏于成龙》，觉得这句话再也贴切不过，与别的主创商议，遂增添其中，成为“点睛”之笔。

处处留心皆学问。

睁开眼睛就是戏，梦里也是戏，总是在练功，时时在吊嗓子，一辈子就在家门、剧团的门、剧场的门之间转悠，左在琢磨戏词，右在揣摩招式，只在戏里找戏，远离生活尘嚣，不顾现实洪流……他对所谓的“戏痴”“戏癌”嗤之以鼻，以为仅是标榜而已。

“这是木头人。傻了，傻了！”他的声音浑厚，穿透力十足，怒目圆睁。

无意撷取之外，不乏有意积累。

他好电影。当年首次与妻子约会时看的电影是保加利亚的《在地平线上》。最喜欢的是谢晋的《芙蓉镇》，“对时代的把握入木三分”。看了《阿凡达》，他领悟到，尽管这部电影极尽花哨、热闹之能事，但还是牢牢地把握住了人性，伸张的还是正义与善良。

他好读书。《水浒传》《三国演义》是挚爱，这里有鲁智深、晁盖、李逵、张飞、曹操，与他所追寻的“虎气”相契合，粗犷、刚劲、坚毅，所以不由得怠慢了《红楼梦》、宝二爷的风花雪月。

“文化对于一个戏曲演员而言至关重要。演员应该努力提高自身的文化素养，以便准确把握剧作的文化内涵和价值，将自己的技法、艺术为体验人物、塑造人物形象服务。”尚长荣摸透了表演这个行当的脾性。

为了演好“这一个”曹操，他细读这位乱世英雄的名篇《观沧海》《龟虽寿》《蒿里行》以及颁发的《举贤勿拘品行令》等政令；为了准确把握魏征的风采，他特地从上海赶往咸阳拜谒唐太宗昭陵和魏征墓，时常诵读魏征的《谏太宗十思疏》，在河北演出间隙专程前往魏征故里汲取艺术灵感；排演《廉吏于成龙》时，他特意造访于成龙的故里山西省方山县，“临走时我捧起一把泥土装入行囊带回上海。这捧泥土此后就一直放在舞台上象征于成龙操守的竹箱之内，成为剧组的‘镇戏之宝’，一直‘滋养着’我们”。

泥土芬芳，那是自然的赐予，也是生活的基点，更是文化的凭依。

三

患德之不崇：要对得住“群众演员”这个称呼

在路上，是尚长荣始终保持的人生姿态，“拿起包就出发”，自诩“飞行演员”。

就拿 2012 年的 5 月份来说，延安、北京、广州、重庆、郑州、香港、澳门，都留下了他的足迹。“老话说，债多了不愁，虱子多了不痒。我加一个事多了不慌。哈哈！”

他始终不忘到百姓身边汲取艺术的原动力。当年 6 月 11 日，他前往陕西省汉中市西乡县城关镇三友村，48 年前他在这里生活过。他与昔日伙伴促膝交谈，感受时代变迁。在鹿龄寺，他找到了当年练功的地方，“我记得有棵银杏树”，站在小院中他满腔的感慨：“我特别感恩那段生活，是我的艺术生活中难以忘怀的。”

与汉中市年轻的戏剧工作者交流时，他谆谆告诫：“不要太依靠‘录’先生，录影、录像可以作为辅助帮助技艺，但基本功和底子要打好，要扎实。”

为乡亲们露天演出，雨在下，戏不停，情不减，注重与台下每一个眼神的交流。

“还戏于民”。身为中国戏剧家协会主席，他把这个定为协会工作的重点，组建中国剧协“梅花奖艺术团”，送戏下乡，下基层，他总是身先士卒，一般压轴登场，劲头足了再加演一段。

他回望起 20 世纪 50 年代的那段岁月。

新中国成立，万象更新，父亲尚小云迎来艺术的又一春。1950 年 8 月开始，直到 1958 年底，他率领“尚剧团”，足迹遍布 18 个省的大小城镇、农村、工厂、部队，无论是正规的剧场、礼堂，还是临时搭建起来的席棚，甚至土台子、露天广场，他都毫无保留地亮出自己美妙的声腔，目的很单纯，“为工农兵服务”。

尚长荣始终陪伴在父亲的身边，接受着艺术的熏陶，更感受到艺术与生活、与群众的血肉相融。

“尚长荣演张连长，感情充沛，表演朴实，可以看得出，演员是有一定的生活体验的。”这句评点摘自 1964 年 6 月 18 日《光明日报》刊登的文章《京剧舞台上的延安保卫战——评〈延安军民〉》。

目光聚焦现实，尚长荣赋予古老的京剧以新的生命。

《曹操与杨修》的剧本最初发表于《剧本》杂志 1987 年第 1 期，由湖南岳阳籍剧作家陈亚先操刀。当时在陕西京剧院无所事事的尚长荣读毕，血脉偾张。

他敏感地把握住了剧本的主旨，即“如何对待知识和人才”。他怀揣剧本，踏上东行上海的列车，与上海京剧院一拍即合。

“以曹、杨两个顶尖知识分子性格碰撞冲突的巨大悲剧，激发了人们关于‘招贤’的种种联想。”在沪籍文艺评论家毛时安看来，正是这种与时代同行现实主义的当下观照，使得尚长荣总是承担着某种敢为天下先的艺术风险。

尚长荣不惧风险，反而视为使命。1988 年 1 月，他再次夜出潼关，奔向上海，随行的除了《曹操与杨修》的剧本，还有一张

CD，贝多芬的第九交响曲《命运》。

“尚氏三部曲”的《贞观盛事》，与百姓对以人为本、社会和谐的梦寐以求相吻合，《廉吏于成龙》与民众对廉政亲民官风的期待相一致。

问题也来了：这会不会变成简单的图解与口号式的诠释？

也就是马克思和恩格斯在1859年就批判的老话题，“把个人变成时代精神的单纯的传声筒”，“为了观念的东西而忘掉现实主义的东西，为了席勒而忘掉莎士比亚”。

“高度‘莎士比亚化’，充满了可触摸的感性质地。”毛时安认为《曹操与杨修》突破了传统历史和道德评价中忠奸、好坏、功过“二元对立”的模式，在紧锣密鼓压得人喘不过气来的戏剧冲突中，步步走向悲剧时，再现了人性存在的饱满复杂和人物评价的不确定性，达到了当下观照和人性深度的统一。

尚长荣和他的团队以艺术的勇气和智慧，让“三部曲”顺当地实现了“软着陆”，避开了危险的“暗礁”。

摈弃“高大全”，远离“三突出”，不要任何说教式的豪言壮语，尚长荣定下铁律。不断地打磨、修正，“七稿八稿，没完没了”。

批评声不可能绝迹。一位研究者针对《廉吏于成龙》抛出“万言书”，畅述己见。

“我不敢说自己闻过则喜，但我尊重不同的声音。”他即时把文章找来，主创人手一份，对照研究，说到点子上了，就改；批评得不够到位，则引以为戒。

“不要以为老子天下第一，容不得半点意见。”尚长荣自我警醒。

“君子不患位之不尊，而患德之不崇；不耻禄之不伙，而耻智之不博。”汉代张衡的这句名言被他奉为座右铭。

在艺术上，他“不安分”；在德行上，他“守己”。

“戏曲演员的职责，是在舞台上给观众以真善美的享受和启迪，引起人们的思索，启发大家树立和坚定对正义、真理的信念。戏剧作品要给人以阳光、激励、信心、鼓舞，这才是戏曲演员的崇高使命。”他演一场就是一场，争取晚一点离队。

所以，1940 年出生的他还是个“艺术青年”，依然浑身是戏，而且怎么也不肯称“派”，执拗不过，就以“我是尚小云派花脸”搪塞。

“群众演员”这个称呼，正合他意，“千钧重”。

“梨园头家龙套。”这是尚长荣的一枚印章，浸染着他的虎虎生气。

| 第三辑 |

一方水土的神采

律动之美　尽在湾区

2021 年 5 月，在深圳莲塘口岸举行的“深圳口岸，百年巨变”展览，以大量珍贵的史料，展现了深圳口岸建设的沧桑历程。其中有张黑白照片显示，一位男士穿着粗布制服，右手举着手电筒模样的设备，左手也拿着一个物件，半蹲着身子，神情专注，在寻找着什么，一看就是劳神费力的样子。

图片的说明文字写的是：1956 年 1 月，深圳边防检查站检查员正在使用俗称“照妖镜”的电光反射工具，检查过境列车的车底。

这位检查员估计当时无论如何也想不到，55 年以后展示自己当年工作场景的莲塘口岸，如今通关时间只需要 10 秒至 15 秒。

这个口岸是深圳和香港之间的第 8 座大型陆路口岸，首度采用“一站式”车辆通关模式，基于海关子系统整合简化、边检车辆“快捷通”子系统精准嵌入、通关数据协同、前端信息采集技术升级等多项科技创新，实现车辆“一次停靠、一次查验、一次放行”。这里还开启了国内首个旅客“无感通关”模式，扫码识别、指尖申报、红外测温，让旅客通关更智能、更高效。

时间静默不语，但时代的足音依然从历史深处呼啸而来，发展的春风激荡起万丈浪涛。

莲塘口岸于 2020 年 8 月 26 日正式启用，是《粤港澳大湾区发展规划纲要》实施以来，深港之间首个建成并投入使用的大型互联互通基础设施。

该纲要明确，粤港澳大湾区包括香港、澳门特别行政区，以及广州、深圳、珠海、佛山、惠州、东莞、中山、江门、肇庆等珠三角九个城市。这里原本就是我国开放程度最高、经济活力最强的区域之一，现在承担起建设国际一流湾区和世界级城市群的神圣使命。

“9+2”，协同发展，创新发展，高质量发展，跨越式发展。

东风吹来，春暖花开。湾区正在奏响阔步行进的旋律，越发彰显律动之美。

一

“9+2”不是物理变化与机械性相加，而是化学反应，是乘法效应与雁阵效应

以前，从事编导工作的周柏康从香港到内地，“香港人”的意识很强烈，满是“出差”的感觉。从小就有“电影梦”的他，发现大湾区是实现梦想的地方，“香港的影视业已经比较成熟，有很明确的规则和模式。内地影视市场更大，互联网的普及也带来更多电影新模式”。

如今，他平时住在佛山，“感觉就像在中心一样，去哪里都方便”。他还在深圳设有办公室。疫情之前，有一次约了客户下午 4 点在香港见面，他 3 点左右从深圳办公室出发，打车到福田坐高铁，通关再打车，结果自己还是先到的那一个。

这是湾区生活的日常。

整个粤港澳大湾区正在深入推进规则衔接、制度对接，力图

让人流、物流、资金流、信息流的跨境流动更加快捷、有效、有序。

都说大湾区是创业的沃土，是逐梦的乐园，如果一个港澳青年，想到珠三角来打拼，他将遇见什么呢？

假如这个小伙子叫阿祥，年龄在 18 岁到 45 岁之间，对智能硬件与人工智能、新能源、半导体、信息服务、文化创意任何一个领域感兴趣，他就基本上拿到了进驻惠州仲恺高新区的“入场券”。

这是一个有历史感的地方。1992 年国务院批准成立首批国家高新区，其中就有它的席位。这个名字，一看就是源自近代民主革命先驱廖仲恺先生。

顺应粤港澳大湾区建设的大潮，2019 年 12 月惠州仲恺港澳青年创业基地开园，设想是成为“创意创新与创造的能量舱、港澳青年创业的筑梦工厂、国际风尚潮流的共享空间、区块链与产业融合反应器、‘芯’创时代的转化平台”。

如果阿祥创办的公司具有独立法人资格，工商、税务、统计关系均放在仲恺港澳青年创业基地，项目评审得以通过，他将陆续收到一整套的“大礼包”：

公司正常运营满半年，阿祥就可以申请创业资金资助，5 万元打底，20 万元封顶。

创业需要人气，办公场地少不了。300 平方米的房子，阿祥可以免租金用上个两年时间。

住的地方也有考虑。阿祥可以享受每月 800 元的住房补贴。如果他还有两位合伙人，这项政策同样适用于他们。

衣食住行，“行”也是一笔开销。一年时间以内，阿祥可以每月领取 3000 元的交通补贴，还是实报实销。

新手开办公司，刚上路免不了要贷款，保障自然要跟上。阿祥将按照实际支付利息的50%获得贷款利息补贴。

公司经营一段时间有点眉目了，阿祥动了到北京、上海这些地方参加大型专题展览会的念想。这股善于学习、用心成长的劲头值得鼓励，他将享受专项的展会补贴。

如果阿祥的公司经营得当，荣获国家级创业创新一等奖，20万元的奖励资金当即送上，不含糊。

阿祥能想到的，这里也想到了。阿祥没有想到的，这里可能也想到了。

不只是惠州，不只是仲恺港澳青年创业基地，整个大湾区诚意满满，张开双臂，拥抱着“阿祥们”前来这里实现自我价值、展翅飞翔。

地缘相近、人缘相亲、文缘相通、商缘相融，这可以说是粤港澳大湾区的核心竞争力。

新加坡国立大学东亚研究所教授郑永年此前在接受新华社记者采访时说，在粤港澳大湾区内，香港的金融业、澳门的旅游休闲业、珠三角的制造业各具特色，要充分发挥各自优势，大湾区内各领域的交流与合作应更加密切和灵活。

他还指出，粤港澳大湾区建设不仅有利于中国的发展，对整个世界经济也是利好。现在全世界都关注中国市场，大湾区的发展前景十分广阔。

这片区域，有实力扛起更大的责任，实现更高的飞跃。

深圳中心书城是我国首家体验式书城，是一个集阅读学习、展示交流、聚会休闲、创意生活于一体的复合式城市文化生活空间，每年接待读者近千万人次，其中港澳读者百万人次，已经成为深圳的“城市文化客厅”。

书城的北区有个专柜，摆放着跟粤港澳大湾区有关的书籍，可见大湾区研究在学术界的热度。其中有一本书，是广东省科学院、中国地理学会联合主办的“粤港澳大湾区发展与规划国际高峰论坛”会议纪实和论文集。

出席这次论坛的美国俄勒冈大学教授亚历山大·墨菲说：“粤港澳大湾区的优势在哪里？在大量的案例当中，我们看到经济的互补性。特别是在最近，在整个大湾区，我们更好地了解了每个城市产业的互补性。其中，内地作为制造业和相关服务业的生产者，香港作为金融中心。同时我们还有相关的交通设施的建设，最近交通设施越来越便捷，可以看到本地区的金融发展也非常快速。”

真正有价值的互补，不是生硬的拼凑，也不是机械的嫁接，而是“串珠成链”，意味着有机缝合，意味着完善与升华，意味着新的创造与明亮的未来。

瞩目大湾区，逐梦大湾区，各路利好的信息在这里汇聚、交融，各方力量早就付诸行动，追求开放性、创造性布局。

政府网站公开数据分析显示，2019 年 2 月至 2021 年 4 月，中央和地方各级政府已陆续出台 231 部涉粤港澳大湾区相关政策文件，构建起推动粤港澳大湾区高效、快速发展的完备政策体系。其中“港澳青年”是出现频次最高的词汇，共计 2810 次。

还是港澳青年阿祥，在湾区生活，他将享受更多的便利。比如出行，阿祥可以走港珠澳大桥，这项“国之重器”畅通了湾区的道路交通网络；也可以坐高铁，广深港高铁香港段已经通车了，广州南站与香港西九龙站之间，跑一趟大约一个小时；要是出远门，他将享受湾区世界级机场群的优质服务。

如果阿祥想上大学深造，他在湾区有很多的选择。比如，深圳大学正筹划在香港建立校区，为他这样的香港年轻人进入内地高校学习创造条件。再比如，位于东莞松山湖科学城的大湾区大学和位于肇庆新区的香港公开大学（肇庆）也已经分头开工建设。阿祥有望成为这些新建大学的首届学生。如果阿祥家有小弟弟、小妹妹也想到内地读书，正好有一个新的选择：广州暨大港澳子弟学校于2021年9月开学。这是湾区首家港澳子弟学校，涵盖学前、小学、初中及高中阶段教育。

如果阿祥是学法律的，国务院办公厅印发的《香港法律执业者和澳门执业律师在粤港澳大湾区内地九市取得内地执业资质和从事律师职业试点办法》，值得他好好读一读；如果阿祥是一名注册税务师，他可以关注在深圳前海揭牌的港澳涉税专业人士政务服务中心，试着申请跨境执业；如果阿祥想进军娱乐圈，有个好消息是香港英皇娱乐大湾区总部落户广州，湾区的广播影视产业、音乐产业和文化创意产业发展增加了新的可能性……

"大珠小珠落玉盘"。

有诚意。有实力。见行动。"9+2"拼船出海，无惧浊浪急，风正一帆悬。

二

这里就像一个磁场，有着谜一般的引力，令人着迷

在深圳中心书城的粤港澳大湾区专柜，还有一本图书，内容是南方电网关于粤港澳大湾区电力发展报告。其中分享了这么几个数据：2019年，大湾区人均电力消费量7644千瓦时，同比增长4.6%。而当年全国人均电力消费量是5160千瓦时。2010年至2019年，大湾区全社会用电量年均增长4.9%，始终保持增长态势。并且大湾区GDP增速和全社会用电量增速变化趋势具有较高的

一致性。

观察一个地方的经济活力，用电量是一项重要参考指标。

活力在溢出，资源在集结，人心在凝聚，湾区已经进入良性循环。

截至2021年2月底，5770名澳门居民在珠海横琴办理居住证，2200多名澳门居民在横琴常住，2000名澳门居民在横琴购买社保，澳门居民在横琴购置各类物业超过一万套。

更多的人在湾区感受着时代跃动的脉搏，追求美好生活。

王绍云来自江西省共青城市，创办的莱尼信息科技有限公司位于深圳，另在香港和中山设有办事处。公司主要业务是工业自动化控制、个人护理、消费类电子产品的开发和生产，合作伙伴既有国有大型企业，也有海内外的各种渠道电商。在他看来，大湾区是一个谜一般的地方。

“在这里，你想靠一个产品吃几年，基本上不太可能，而是一直处于更新的状态，大家都有一股往深里钻研的狠劲。比如说，在别的地方，看见有人在做盘子，其他人可能就放弃了，想着还是做杯子吧。这里不是的，也要做盘子，还要更美观、更轻便、更实惠，甚至要再开发一个什么新功能。”王绍云说。

在湾区生活、工作了十几年，王绍云发现，这里有着浓郁的、深入骨髓的创新氛围，驱使人开动脑筋，寻找新的思路。创业者慢慢就适应了这个节奏，更加主动，甚至视为一种享受，创新变得自然而然、顺理成章，“关键是这里的产业链条很完整，互通性强，一旦你有了好的想法，在这个氛围中经常是有响应的，有人帮助你把好的想法落地”。

在湾区创业，王绍云时不时想起远在老家的父亲。他是个种庄稼的好把式，“比如种棉花，他要把多余的枝丫打掉，一行一行之间整整齐齐。他说这是要让棉桃晒太阳，给它们通风。他不知道这叫光合作用，但是他知道这样棉桃又大又多。‘哪怕一天赚一分，不在屋里蹲。’这是他的口头禅”。王绍云说，持家需要一股韧性，创业需要一种精神。大湾区就是这种精神的温床。

“70后”的王绍云在大湾区寻找到了精神的归宿。1989年出生的宋扬也要在这里证明自己。

宋扬老家在东北，曾经到天津求学，后来前往香港大学就读建筑专业。优美的城市环境，强有力的政策支持，富有潜力的市场空间，敢为天下先的“尝新”精神……大湾区像是一个磁场，让他不由得将创业的启航之地选定在深圳。

他现在是营加设计实验室（深圳）有限公司创始人。这家公司以建筑设计为核心，兼顾规划、室内和景观设计。

“大湾区是一个很大、很高的平台。在这里进行深入的交流与碰撞，是很平常、很直接的事，让人感到很过瘾。”宋扬说。

公司合伙人廖嘉厘是香港居民，湾区包容、开放的调性令她着迷，“这里有很好的土壤，就看你是不是那块料了。这里每时每刻都有很多的信息在流动，就看你能不能沉浸其中，把适合自己的信息紧紧抓住，转化为机会，再努力打拼，实现自我价值”。

2021年3月30日，和美术馆在佛山顺德正式开馆。这是被誉为“清水混凝土诗人”的日本建筑师安藤忠雄在中国设计的新作品，一场以“超越：安藤忠雄的艺术人生”为主题的展览同时揭幕。廖嘉厘获知消息，当即从深圳赶往顺德“打卡”。

“和美术馆用多样化的‘圆’来呼应‘和’的主题，总体构架上呈现出安藤忠雄一贯的冷静与沉稳，富有几何秩序，大量的灰色调彰显出张力和韵律感。很开心大湾区出现越来越多这样国际性的高端艺术空间。”身上透着知性与干练的廖嘉厘说。

他们的营加设计实验室位于深圳前海深港青年梦工场，一个正在酝酿奇迹的地方。梦工场的入口处设有一个大型雕塑式装置，鲜艳的红，无杂色，富有仪式感和线条感，主体内容只是一句英文“WHAT'S NEXT”。

下一个是什么呢？

“这一路你是作者，就算故事再曲折，写下属于你自己的。希望在每个角落，绽放出不同颜色……”这首《朗诵者》，演唱者是柳妍熙。

她出生于四川，曾经是短跑运动员，因为意外受伤被迫退役，跟随父母移居香港，成为新香港人，在这里闯入歌坛。现在，她作为OEL光源技术研发团队的最大合伙人，入驻广州天河港澳青年之家，开始新一轮的创业之旅。

还有一首歌，唱的也是不羁的青春朝气：“追逐心中点点的光，穿越那茫茫的海洋。勇敢张开翅膀，向蓝天自由翱翔。我的思念随风飘荡，你的微笑给我希望。我轻声为你，为你歌唱，忘却昨日点点的忧伤。时间的脚步那么匆忙，青春悄悄奔向远方……”

这首《青春记忆》，完全由人工智能技术创作，获得全球AI艺术大赛一等奖，由扎根深圳的平安集团出品。作曲模块，通过训练5万首特定风格的流行音乐作品数据，同步优化曲式、和声、配器等音乐要素，使乐曲保持青春昂扬的风格。作词模块，选取数十万首流行歌词、现代诗歌等数据，并关联“青春”主题词，使输出的歌词在逻辑通顺的基础上兼具文学性、故事性与韵律感。

这两首歌曲携带的信息，多少说明着一个道理：无限可能，尽在湾区。

三

传统与现代在这里交汇，爱国爱家是最深沉的传统，也是最动人的“潮”

在香港土生土长的朱雋文2006年就开始到内地打拼。前往一些窗口办理手续时，有时被问到“雋”字怎么读，怎么在电脑上打出来。他操着一口“港普”跟人家说：用微软拼音输入法输入“juan”，下翻页第五个就是了。

步入不惑之年的朱雋文看着就像一个阳光大男孩，灿烂的笑容透着真诚，认真起来的神情还有几分俏皮与可爱。他曾经就读于英国伯明翰大学和香港中文大学，现在是深圳乐毅体育发展有限公司创始人，还担任深圳福田区业余体校赛艇队主教练。

“大湾区是一个把东方与西方、传统与现代进行很好结合的地方。在这里创业和生活，经常能找到成就感和满足感。”朱雋文说。

他的公司有一项主要业务是面向青少年开展水上安全教育培训，水上运动基地位于深圳的茅洲河，与深圳市体工大队水上运动中心共用一片水域。在做好基本安全保障的前提下，他鼓励学员穿着平常衣服练习，“出现溺水意外的时候，很大的可能是没有穿泳衣的，水也是冰冷的。以前的培训往往在理想状态下进行，我们主张在现实环境中培养孩子的自救能力，应对各种可能的风险，让他们健康、快乐地成长”。

朱雋文对“乐”字情有独钟，给公司取名“乐毅”，给三个孩子分别取名“乐贤”“乐珺”“乐恒”。他认为“毅”“贤”“珺”“恒”这些字都很有传统的感觉。

他太太是长沙人，提议给小女儿取名“乐儿”，他就同意了。

“疼老婆是个很好的传统，也是很时髦的事，对不对？哈哈哈……”

朱隽文从小就跟着大人到内地旅游，早就见识了祖国的大好河山。有次乘坐游轮，从重庆到上海，中途上岸时大人给他买了金庸的《天龙八部》。这是他第一次阅读简体字版的图书，“看懂六十，猜四十”。现在他在英文、粤语、普通话之间，以及简体字、繁体字之间切换自如。

“我爷爷奶奶、外公外婆都是内地人，后来去了香港。我爸爸妈妈都是香港人。现在我又回到内地来了。”朱隽文说。

香港姑娘尹翠雯，大学生活就是在内地度过的。在深圳大学管理学院就读的她发现，港籍学生已经适应使用简体字了，“特别是考试，大家觉得用简体字答题更快一些”。内地同学也经常向港籍学生请教繁体字的写法，“他们觉得繁体字也蛮有味道的”。

“识繁用简”，年轻一代借助古老的汉字，感受着文化的新潮流。

出生于 1998 年的尹翠雯，大高个，既有学生的青涩，也洋溢着快人快语的个性。她经常有机会到全国各地参观学习，时时有新的感悟。

在河北白洋淀，她听说了小兵张嘎的故事，参观了那里的抗战纪念馆，了解了抗日战争期间雁翎队员利用白洋淀独特的地势灵活抗战的英勇事迹，“深刻体会到新中国革命历程的艰辛与不易，心中更是充满了对先烈们的敬仰和崇拜之情”。

在北京大学，她观看了话剧《根鸟》，深受触动，“我更加坚定了一点，即使在追梦的路上会有许多美丽的风景使你想停止脚步，也应该像剧中的‘板筋大叔’一样，脚踏实地一直追寻下去。追梦路上别怕孤独，要坚定信念，才能成功”。

在贵州毕节，她了解到，1988 年至 2019 年，这里的农村常住居民人均可支配收入由376元增加到9371元。不过她跟当地搬迁点便利店里的阿姨聊天，得知社区的网络信号不太好，许多顾客常常无法扫码付款，网络问题还曾经让这位阿姨没有及时接到电话而错失工作岗位。

“我一直在大湾区生活。这里给了我一个支点，让我更好地去了解我们这个国家，我们这个社会，以及我们这个时代，也让我明白自己应该用好所学知识，去做点什么。”尹翠雯说。

在回答可以用哪几个关键词来描述心目中的大湾区时，朱隽文说的是“机遇、希望”，宋扬说的是“舒适、开放、高效”，尹翠雯也几乎没有犹豫，以“包容、创新、活力”作为自己的答案。

比尹翠雯年轻几岁的孔颖出生于江门。2019年9月，和其他6个女孩成团，成立“乐动彩虹”组合，参加“粤港澳大湾区校园歌手大赛”，并闯入在澳门举行的总决赛，演唱了她父亲孔雷创作的歌曲《四十春华》。其中有这么几段内容：1978，还不会听广东话，不知道一个大时代正在萌发；1988，十年风云大步跨，忽然发现全国都在学广东话；1998，二十年厚积薄发，相约九八，相约在这大好年华；2008，一个不平凡的年啊，小伙子也已成为而立的爸爸；2018，新的起点继续出发，一往无前，中国富强，一路带着大家……

“这首歌曲采取民谣的形式，有点口语化地讲述一个带有自传体色彩的故事，希望在轻松的氛围中与年轻人进行交流，跟他们说说我们身处的这个伟大时代。”孔雷说。

《四十春华》，用简笔画的方式，配以欢快、阳光的旋律，勾勒出改革开放以来湾区普通居民的生活轨迹与生命感悟。居住在东莞的湖南籍作家陈启文，则对深圳这座城市经历的深刻变迁有着浓厚兴趣。他将自己的观察和思考写成长篇报告文学《为什么是深圳》。

他不断地寻找深圳成为“深圳”的内在原因，最终发现文化性格至为关键。他说，岭南人骨子里和文化里，形成两种最为突出的性格，一种是他们在赶海时的一句口头禅——“我走先”，另一种如深圳南头古城青砖贯顶、石柱顶梁的岭南建筑一样——“顶硬上”。

就是大胆试、大胆闯，就是敢于硬碰硬，就是挖掘并释放无限潜能，就是咬紧“发展”这个主题不松劲，就是两者之间连一个顿号都搁不下的“改革开放”，就是继续激发中国人血液中时刻涌动的勤勉与无畏、坚韧与倔强、敞亮与自信。

一句“我走先”，一句“顶硬上”，或许也是未来我们解开“为什么是大湾区”更深谜底的钥匙。

美丽的村庄在说话

是的，浙江。

这里富庶，这里舒适，这里秀美，这里丰富着你对美好人间的想象。

“山寺月中寻桂子，郡亭枕上看潮头。”“水光潋滟晴方好，山色空蒙雨亦奇。”“水如棋局连街陌，山似屏帏绕画楼。”诗人们行走于吴越大地，诗情跳跃，诗思翻涌，竞相差遣字字句句，表达着内心的感受。

故乡的山水惹人醉，浙江人击节赞赏不迟疑。

“我居溪上尘不到，只疑家在青玻璨。”赵孟頫以退为进，看似存疑，实则不疑。

鲁迅的文字，历来给人的印象是坚毅如剑、刚烈如酒。但是写起自己的故乡，文字的调门一下子变得柔软起来，“两岸的豆麦和河底的水草所发散出来的清香，夹杂在水气中扑面的吹来；月色便朦胧在这水气里”。

以报告文学《哥德巴赫猜想》名动天下的当代作家徐迟，命笔写起老家，似乎有点把持不住，一口气用上了66个“水晶晶”——水晶晶的水、水晶晶的太空、水晶晶的日月、水晶晶的星辰、水晶晶的朝云、水晶晶的暮雨、水晶晶的田野……

然而，水晶晶的浙江乡村，也有过暗淡时刻。

脏。乱。差。三个字涵盖了此间的一切景象。

浙江的村子度日如年。

直至2003年，这里开始实施“千村示范、万村整治”工程。它犹如一道光，把这些村子逐个照亮。

历经多少岁月的激荡，浙江的村子迎来高光时刻。

2018年9月26日，中国浙江省“千村示范、万村整治”工程，在纽约曼哈顿问鼎联合国环境规划署“地球卫士奖”。这是联合国在环保领域授予的最高荣誉。

浙江的村子，中国的“面子”，世界的标杆。

到浙江的村子里走一走，你能真切感知美丽乡村是什么模样，也能深切体会美好生活到底是怎么回事。美丽的村庄在诉说，美丽的家园在召唤，美丽的中国在跃起。

一

从“村子没有村子的样子”到“村子不像村子的样子”：美好生活是奋斗的汗水浇灌出的花朵

说及乡村生态环境的糟糕状况，“脏、乱、差”是标配式描述。曾经“脏、乱、差”到什么程度？浙江人还留有清晰的记忆。

“我来自浙江省的一个村庄。15年前，我每天都要拎着满满的一桶脏水走到很远的地方去倒污水。当时，我家厨房没有排污水管，村里没有垃圾箱，河道受污染，又黑又臭。”在联合国“地球卫士奖”颁奖现场，湖州市安吉县递铺街道鲁家村村委会主任裘丽琴这般“自曝家丑”。

在她的家乡，村里的小学语文老师说，平时训练孩子写作文，一般都是鼓励从身边的人和事写起，比如说写写家人，写写难忘的一件事，写写自己的家乡。有一阵子，是要回避“美丽的家乡”这个题目的，因为这可能让孩子们很为难，无从下笔。

孩子们无话可说，大人却可以自嘲。59 岁的罗桂花住在递铺街道大路桥村。十几年前，干农活的间隙抬头看，她发现树枝上都挂着“云彩”，有红色的、白色的、黄色的。

——其实，她说的是随风飘荡的塑料袋。鸡毛飞上天，塑料袋也可以。

垃圾是没人打理的，河水是用来糟蹋的。

金华市浦江县因水而名、因水而兴，特色产业是水晶。都说水晶是水的精华，冰清玉洁，纤尘不染，自有高贵的光环。殊不知，水晶的晶莹剔透，都要仰仗人工。先用硫酸等化学物质把杂质淘洗，再用抛光粉抛光，用机器打磨，直至光鉴照人。整个过程都要用清水来冲洗和降温。一泓清水经过这么一个流程，就成了废水。一旦直接排入河流，生生制造出人工“牛奶河”。河里的各类水生物，被追杀得片甲不留。

高峰时期，浦江有将近一半的劳动力从事水晶相关的产业，全国 80% 以上的水晶产品出自这里。可以设想，水晶产业野蛮生长时期的浦江，是一番什么模样。

“那时候江水都是臭的，我们村有的人家亲戚朋友都不愿意来往了。”浦江县檀溪镇平湖村村民陈利群说。

村子病了，村子塌了，村子的节奏全乱了。

故事一个接一个。浦江县综合行政执法局工作人员陈佩佩听说当地有个小伙子，娶了个外地媳妇。结婚时姑娘母亲首次来到浦江，走了走，看了看，心都凉透了。临别时说闺女的事自己拿主意，反正做娘的是不会再来了。

村子没有村子的样子！

咬紧牙关，痛下决心，铁腕出手，不破困局不罢休。

2003 年，浙江省以农村生产、生活、生态的“三生”环境改善为重点，在全省启动“千村示范、万村整治”工程，开启以改善农村人居环境、提高农民生活质量为重心的村庄整治建设大行动。

先是从道路硬化、垃圾收集、卫生改厕、河沟清淤、村庄绿化入手，恢复村子的元气。

再是把整治内容拓展到生活污水、畜禽粪便、化肥农药等面源污染整治和农房改造，着力提升村子的颜值。

继而系统推进规划科学布局美、村容整洁环境美、创业增收生活美、乡风文明身心美，建设宜居宜业宜游的农民幸福家园、市民休闲乐园，开展历史文化村落保护，谋求城乡关系、人与自然关系的改善，激活村子的精气神。

如今是不断促进美丽乡村建设从一处美向一片美、一时美向持久美、外在美向内在美、环境美向发展美、形态美向制度美转型，让村子丰满起来、立体起来、壮实起来。

号角声声，战鼓阵阵。稳扎稳打，一步一个脚印。

如今在浙江，“千万工程”成为一个专有名词，它就像一股劲风，吹走“脏、乱、差”的顽疾，迎来天地之间的簇新与清丽。

如今在浙江，“千万工程”还是一个代名词，是全方位加强生态文明建设的代名词，是绿色发展、循环经济、低碳发展的代名词，是协调发展、融合发展、高质量发展的代名词。

如今在浙江，“千万工程”更是一个动词，意味着要有咬住不放的决心，意味着要经历一场观念上的风暴，意味着要有强大的执行力和行动力，意味着要付出无尽的汗水与心血。

这个时刻，那些面向党旗庄严宣誓过的人，是中坚力量。

在绍兴市新昌县镜岭镇妇联副主席张薇看来，开展环境整治攻坚战过程中，赢得村民的真正理解和认同、帮助他们从根本上改变根深蒂固的生活习惯，起初是一件有点伤脑筋的事。

“平时，我们走在路上，有村民就说，村子里乱七八糟的，你们这些党员干部怎么也不管管？一边抱怨，一边把水果皮或者烟头随手扔在地上。当我们下定决心要进行环境整治时，他们又说，农村终究还是农村，要那么干净干什么？”回忆起这些过往经历，张薇忍不住笑了起来。

你说你的，我干我的，党员干部自己动手。有的人家房前屋后不愿意打理，大家就撸起袖子，直接上手收拾了。认真地干了一两回，村民见了，怪不好意思的，心想看来这是要动真格的，于是从“岸上说话”转而“下水游泳”，袖手旁观的，看热闹的，说风凉话的，成了主力军。

年长一点的说，活了大半辈子了，总算正儿八经地被重视了一回。

年轻一点的说，这是办实事、办大事，办好了农村人不比别人矮一头。

你有呼，我有应，你领头，我跟上，你掌舵，我安心，你和我，拧成一股绳。

夜晚在浙江的乡村驱车前行，时不时能看见接通了电源的红色党徽在夜幕间闪烁，宛如灯塔。分明能看见力量在这里汇聚，又从这里向四周辐射开来。

成绩单耀人眼目：浙江省累计有 2.7 万个建制村完成村庄整治建设，占全省建制村总数的 97%；74% 农户的厕所污水、厨房污水、洗涤污水得到有效治理；生活垃圾集中收集、有效处理实现建制村全覆盖，41% 的建制村实施生活垃圾分类处理。

浙江的村子缓过来了，进而重新活了一回。

罗桂花依然喜欢抬头看。不过，现在她看到的是真正的云，还有干干净净的水、清清爽爽的树。她时不时跟外地游客聊聊天，“他们说你们这里的空气好，不像他们当地，到处都是粉尘，看不见人。其实我想说，我们这里也有看不见人的时候，不过是因为有雾气。我没有说这个，人还是不要太骄傲，再说人家心里已经不舒服了，不好再刺激人家”。

旧貌换新颜的浦江给不少人以“刺激”。誓言不再踏足这片土地的那位丈母娘，经不住左说右劝，再次来到浦江。走了走，看了看，喜上眉梢，就住了下来。

不由得想起拴保、银环和银环妈……

经典豫剧《朝阳沟》的故事，以“升级版”的方式，在新时代的浙江乡村“实景”演出。

如今漫步在浙江的乡间小道上，那山那水，那花那草，那人那事，一一在眼前掠过，在心间滑过。你可能心存疑问：村子怎么不像村子的样子？你也可能生发感慨：美好生活，应该就是这个样子！

二

绿色是主题是信仰是价值观：美好生活的本色与底色

在浙江乡间行走，映入眼帘的往往是一片绿。

这一片绿不是偶尔为之的点缀，而是肆意的铺排，洋洋洒洒，神清气爽，给人一份妥帖感和富足感，让人在不经意间放心地交付出自己的呼吸。

这一片绿不做作，不刻意，不齐整，不规范，天然流露，融化在风里，将人的周身包围，挥洒着淡然而清新的香气。

这一片绿在剔除杂质，在抵挡侵袭，在生产新的养分，在架构新的时空，在创造新的天地。

为了这片绿，浙江人不惜代价，悉心呵护。

地处四明山腹地的宁波市海曙区章水镇大皎村一带，森林覆盖率高达 99%。这个村子一度砍树成风，后来遭遇一场山洪灾害，村民吃了当头一棒。保绿色、不砍树，成了固守的信念。有过犹疑，也有过诱惑，比如说，苗木生意，收入是很可观的。大皎村人几经衡量，铁下心来不砍树。

“山上的林木是我们最大的财富，决不会再让它们受到伤害。”大皎村党支部书记徐鹏辉说话时的语气，感觉这些林木就是自家的孩子。

既然生态有自身的逻辑、定理和法则，那就尽心遵守与爱护。

生态优先、绿色永续的理念被广泛认可，是“千万工程”推进过程中结下的果实。

保护自然环境，呵护人居环境，过绿色、低碳的生活，在浙江成为一种习俗、一种时尚。

前往台州市仙居县淡竹乡下叶村入住民宿的游客，会领取到一张“绿色生活清单”。这张清单也是“绿币”的统计表：住宿时参与垃圾分类，可以领取“绿币”2 元；退房时把垃圾清理带走，是 5 元；就餐时不剩饭剩菜，是 5 元……这些“绿币”，在淡竹乡的所有商家那里是通用的。

一枚枚“绿币”，是暗示，也是宣示。几块钱的事是小事，但让人在言行上变得小心起来。

刘先生是一位商务人士，经常出差。以往住宿时，一次性拖鞋就穿一回，感觉没有什么问题。这次在下叶村住了一个晚上，发现问题来了：其实，一次性拖鞋也是可以多次使用的。

“你看，我就把这拖鞋放在行李箱的这个兜里，再用个四五次没问题。你说这里的环境这么好，有一点浪费心里都过意不去。”他说。

绿色是生命色，也是健康色，有号召力，也有感染力。

经由“千万工程”推进过程中的点滴涵养和持续浸染，在浙江乡村，过绿色生活是自觉的行为，甚至是“集体无意识”，成为一种信仰，一种价值观。

都说“垃圾是放错了地方的资源”，这就是说，一旦放对了地方，垃圾就有了价值。

在浙江乡村，对垃圾的认识是不断深化的。以前，垃圾是随手随地扔；后来有了垃圾桶，就整个儿一起扔；随之是每次扔垃圾前都要想一想，碎玻璃是放蓝桶还是放绿桶；而现在，碎玻璃放蓝桶、香蕉皮放绿桶，是不需要犹豫的。

与之相对应，是“垃圾不落地”、定时定点收集，是垃圾分类投放、搬运，再就是“垃圾不出村”。

这里不少村子的厨余垃圾通过堆肥后还田、还山；针对玻璃瓶、易拉罐、废纸等可再生垃圾，邀请工匠专门入村指导，让村民加工成工艺品；塑料垃圾，可以用来编织环保袋、环保筐。原则上让垃圾就地消化、在地处置，分门别类，各就各位。

“千万工程”在浙江乡间的一个沉淀，是越来越多的人以设计的目光和寻美的心态看待周边的事物。

所以，浙江乡村的不少地方，垃圾桶本身也被认真对待。不少家庭的门前摆放着当地政府统一配置的垃圾桶。这些桶子毕竟是家庭生活的一部分，那就应该好好装扮一下。老乡们似乎不约而同地想到了鲜花。于是，垃圾桶边上，时常能见着一朵朵花，有鸡冠花、一串红、南天竹、万寿菊，正在静静地开着。这是陪伴，也是成全，让垃圾桶变得不那么像“垃圾桶”。

可以说，在浙江乡村，“千万工程”正在滋养着一种“生态人格”，内涵是绿色，底蕴是绿色。

绿色是自然的颜色，也是文明的颜色。

诸暨市店口镇鲁戈村党支部书记钱建荣对文字颇为痴迷，一旦发现哪里有错别字，或者是语法有点问题，就浑身不舒服。

他曾经组织创作过一首村歌，名字就叫《今朝农民》，“告别了茅屋哪住呀么洋房哪，脱去了布衣哪穿西装……跟着时代潮流走，再不是从前那副旧模样”。今朝农民应该要有新模样，最起码要学好普通话、写好规范字吧。

“从农村方方面面的工作来说，语言文字规范工作算是芝麻事情，历来大家不重视。但芝麻捡得多了，有一麻袋，价值远胜一只大西瓜，我们村的档次将远超别的村。”钱建荣心中有一本账。

他操心的是村子的档次问题。于是苦口婆心地做工作——

“说不好普通话，怎么做生意啊？”

“写个名字，‘山峰’的‘峰’和‘先锋’的‘锋’随便写，身份证、户口本、房产证上不一致，给自己挖了多大一个坑啊！”

“字写得歪歪扭扭，又不规范，合同都签不好，人家认为我们浙江人没文化，多难为情啊！”

2015 年 1 月，诸暨市语言文字工作委员会授予鲁戈村一项荣誉，即“语言文字规范示范村”。

《今朝农民》这首歌，是以“祖辈没得好福享，今朝要有滋有味活一场”作结的。有滋有味的生活，就是美好生活。

三

有动人的“乡喜”，才有真正的“乡愁”：美好生活，城乡共享

望得见山，看得见水，记得住乡愁。“千万工程”是一项凝聚乡愁、护卫乡愁的行动。

乡愁就是你离开了这个地方，还会时不时想念。

为何要想念？因为这里有美好的回忆，也有惊喜的发展前景。

“乡愁”并非保持原样不变，并非继续维持落后与封闭，徘徊在新文明、新生活的大门之外。有动人的“乡喜”，才有真正的“乡愁”。

在浙江乡村，总是能遇到一些令人眼前一亮的“乡喜”。

这里始终在铭记。

诸暨市浣东街道盛兆坞三村，有颍川校史馆、颍川亭、颍川坊。根据文字记载，这里的居民是从河南颍川迁徙而来。“树发千枝根共本”。时光再长，距离再远，也不忘文化与精神的本源。

这里充满着对自然的爱意。

巴比松是法国巴黎南部的一个小村庄。19 世纪三四十年代，一批画家被这里的迷人风景和纯朴民风吸引，纷纷住了下来。他们以“面向自然，对景写生”为创作宗旨。20 世纪 80 年代末，丽水的一群画家也开始专注瓯江两岸的风景，渐成气候，被誉为丽水“巴比松”画派。

如今，丽水市莲都区古堰画乡小镇设有巴比松油画馆。“秀山丽水，本质就是一巨幅山水画，是大自然赐予我们的杰作。作为土生土长的丽水人，对着这里的一山一水、一草一木作画，是

一种享受。”丽水市美术家协会副主席陈江洪说。

这里还有可人的新变。

旧的、破的，被重新梳妆。在杭州市桐庐县江南镇荻浦村，闲置多年破旧不堪的牛栏猪舍，成为环境整治的绊脚石。“正面强攻”不行，那就“绕着走”。他们投入资金，将这些颓废萧条的牛栏猪舍“变废为宝”，开起了“牛栏咖啡”“猪栏茶吧”。牛栏还是牛栏的样子，猪食槽、猪食桶、瓢、稻草一应俱全，过往的生活，携带着新的活力，“穿越”回来了。

互联网时代，并不是遥远的热闹，乡村也有进入的方式和途径。诸暨市山下湖镇新长乐村村民何志校，养珍珠蚌超过 30 年。儿子小海在直播平台上剖蚌卖珍珠。他感觉有意思，于是“上阵父子兵”，也加入直播行列，竟然受到粉丝追捧，被亲切称为“海爸”。在他们家，写字板上写满了几大快递公司营业员的手机号码，房间角落堆满了快递包裹，看来生意不错。

村子的格局也越来越宽敞。舟山市普陀区展茅街道建有美丽海岛田园综合体。这里有精品果蔬科创园、美丽田园博览园、湿地农耕观光园、七彩玫瑰休闲园。是景区，是花园，美丽资源正在转化为美丽经济，美丽家园铺开画卷。

“千万工程”就像是一粒火种，将浙江千万个村庄的活力引燃，一盏盏灯连缀起来，灿然一片灯海。

这片灯海中，属于金华市浦江县大畈乡建光村的那一盏尤为明亮。

2016 年 2 月 16 日，这个村子里的三个孩子突然失联。县委县政府第一时间组织成立指挥部，全力搜救，参加的队伍共有 65 支 151 批次 7700 余人次，自发参与的群众数万人。经过三日三夜的搜寻，三名孩子成功获救。

作为浦江人，客居京城的吴重生感怀不已。他迅速行动起来，主编出版了一部诗集《用我的诗爱你》，以文学的方式记录了这场搜救的全过程。

他也写下一首诗，深情咏叹：“孩子，因为这里是春天 / 这里是人间 / 你们从未从春天走失 / 你们一直生活在最美人间……太阳、月亮和星群都在你们身边……”

因为这一抹温情，因为这一缕大爱，吴重生心中的乡愁更浓郁、更淳厚。

“那一刻，我深切体会到在老家的那片土地上，人与人之间的爱还很浓，生命的尊严也还在。”吴重生说。

“千万工程”立足于生产、生活、生态的环境改善，而其内里，是对生命尊严的捍卫与守护。

美好生活，城乡共享。台州市黄岩区与同济大学密切合作，深化校地联动，实现共建互赢。2018 年 2 月，以“乡村振兴”为主题的干部教育培训基地——同济 · 黄岩乡村振兴学院挂牌成立。学院的南校区设在黄岩区宁溪镇乌岩头村，北校区设在屿头乡沙滩村。

同济大学建筑与城市规划学院院长李振宇说，在黄岩区推进乡村振兴的过程中，“城乡共享”的社会发展新模式、新阶段开始出现。

在浙江，“城市偏向”正在纠正。这里的乡村建设也是要有规划的，也是要有创意参与的，乡村也有优质资源，乡村居住、城里就业已经不是设想，返乡创业算不上什么新闻。总之，乡村这株“野百合”，正在迎来“春天”。

在浙江的乡村，可以“把酒话桑麻”，聊聊大地上的事情。浙江的乡村，是一块厚实的土地，承载着悠悠乡愁，无尽的情意。

站在浙江乡村的土地上，连线北京——

吴庆华在全国人大常委会机关工作，家住义乌市义亭镇石塔二村。对儿时的回忆最深刻的是到哪里都要走路，如今公交车在村子里穿梭不停。这几天，父母打来电话，告知村子里要推行家居养老了。又是一个好消息。他说：“老家跟上了时代的节拍，又保持着田园乡村的感觉。每次回家，都有惊喜，心里很踏实。”

站在浙江乡村的土地上，连线西班牙——

几十年前，傅正宏离开丽水市青田县仁庄镇马坑村，来到西班牙的塞维利亚。如今他在这里有了自己的产业。他记得当初来西班牙，发现城市和乡村竟然不相上下，不像在国内，城市是城市，乡村是乡村。现在回到老家，发现乡村除了保留着乡村的味道，还有了城市的气息，“每年回家住个几天，很舒服，很放松”。

站在浙江乡村的土地上，连线美国——

从绍兴市新昌县成长起来的文易，供职于美国波士顿一家医药公司。他获知，美国也经历过一段环境不友好的时期，经过产业升级和政策调控，情况大有改观。十多年来，老家的自然环境和生活环境都在朝着好的方向发展，“家乡的变化令人欣喜，这意味着实现‘环境’和‘经济’双向的可持续是可行的”。

站在浙江乡村的土地上，连线联合国——

“这一极度成功的生态恢复项目表明，让环境保护与经济发展同行，将产生变革性力量。”联合国环境规划署给“千万工程”以新的定位。

“千万工程”让浙江的乡村闪亮起来，也清秀起来。浙江的村子，表情灵动，品相纯正，有生气。浙江的村子，创造着美丽新世界，诠释着美丽的成色与质地。

习近平总书记对浙江久久为功，扎实推进“千村示范、万村整治”工程，造就万千美丽乡村给予充分肯定。2018 年 4 月，他作出重要指示，强调要结合实施农村人居环境整治三年行动计划和乡村振兴战略，进一步推广浙江好的经验做法，因地制宜、精准施策，不搞“政绩工程”“形象工程”，一件事情接着一件事情办，一年接着一年干，建设好生态宜居的美丽乡村，让广大农民在乡村振兴中有更多获得感、幸福感。

“千万工程”是一项伟大的设计，掷地有声，精巧而壮丽。它让理想中的村庄落地开花，让美丽中国、美好生活的样子有了坚固的基石。它在中华大地上激起的涟漪，看得见，摸得着，孕育着动人的美，越发辽阔，越发深远……

美丽的村庄在说话，说给中国听，说给世界听，说给未来听，说给你我听。

一心一意是三明

三元、明溪，都是地名，各取一字，就是“三明”。

按说这只是个物理行为，哪知道引起的是化学反应。

三明地处闽西和闽西北，是老区、山区，也是苏区，区位优势不是很明显，资源禀赋也不是有多么突出，曾经在整个城市序列里多少有点“不太起眼”。

问题是，人不可貌相。同样的，城不容小看。

三明人有信念，有韧性，把嘱托记心上，咬紧目标，始终保持着向前的姿态，纵使条件不完备，也要创造条件试一试，闯出一条新路来。

三明人的活力与耐力，灌注了三明这座城的魂。于是，三明就像一朵花，在幽然绽放，在舒展芳华，在吐纳清香。岁月沉淀，光阴馈赠，如今的三明，让人不由得“多看几眼”，甚至禁不住“高看几眼”。

一心一意是三明，十个手指弹钢琴。三明重协调、善统筹、求适度、谋均衡，踩在时代主旋律的节点上，“大珠小珠落玉盘”，奏响激越的发展乐章。

此中到底蕴藏着什么样的秘密？此间的张力究竟为何这般饱满？

三明市尤溪县是理学大儒朱熹的诞生地。他流传至今的三个名句，或许可以视为这片土地发展轨迹和发展动因的注脚。

三明何以成为三明？“为有源头活水来”。三明始终按照思想的指引，初心不改，用志不分，矢志不移，方向正，步子欢实又稳健。

三明何以成为三明？“一寸光阴不可轻”。三明不懈怠，不迟疑，追赶的劲头足，往前冲的意识强，“撸起袖子加油干”。

三明何以成为三明？“万紫千红总是春”。三明是福建的三明，更是中国的三明。三明是我们国家步入新发展阶段的一个侧影，也是新时代开启新征程的一段华章。

一

聚精会神，请看三明：一次次创举，一次次破题，踮着脚尖往上跳，朝着伟大梦想奋力奔跑

“美味源自千锤百炼。”三明的沙县小吃，以这么一句响亮的口号，行走天下，漂洋过海。

千锤百炼的过程，其实是一个历经摔打的过程，是一个啃硬骨头的过程，也是一个自我加压、活力迸发的过程。

看病难、看病贵，是影响不少人生活质量的拦路虎。如何缓解？大家的目光都盯着医药卫生体制改革的进度和力度，也就是“医改”。这是个全球性的难题。各方利益主体搅和在一起，相互缠绕，一团麻。试着理顺一下吧，“线头”都寻不见！

医改掣肘，三明出手。

病人到底是谁？是用来“开发”的？是可以“制造”的？

医生到底是谁？是药品“销售员”？是市场“弄潮儿”？

要把根本性问题搞清楚。

这么一问，再闷头想一想……横下心来，要动真格的了。

先是治混乱、堵浪费，取消药品耗材的加成，实行联合限价采购，把药品耗材流通利益的链条一刀砍断。

也就是把中间的水分给挤掉了，把药价压实了。

再是建章程、立制度，把医保管理“九龙治水”、公立医院“以药养医”等条条框框都拆除了，立起的是医药、医保、医疗“三医联动”，城镇职工医保、居民医保、新农合“三保合一”，全员目标年薪制、年薪计算工分制等“四梁八柱”。

也就是说，“潜规则”黯然隐退，“明规则”上场运行。

再进一步，由“治已病”向“治未病”转变，以往医院想的是如何赚钱，后来转而琢磨如何治病，现在则需要想想如何保护大家的健康了。特别是对一些慢性病患者，动态跟踪，点对点服务。还鼓励医生下沉到乡村，在基层一线服务的时间长短、成效如何，与年度考核和职称评定挂钩。

八年时间三把斧，干净利落。

三明人，壮士断腕，实干为先，踮起脚尖往上跳，不够到“果子”不罢休，也就是要见着实实在在的改革成果。三明人也找到牵一发而动全身的那根“线头”，就是“要为老百姓考虑”，也就是“以人民为中心”。

“对于医改，我的理解就是阳光。以前有些东西是在桌子底下的，现在都摆到桌面上来。医生卸下包袱，轻装上阵，做自己应该做的事，赢得职业尊严。”三明市尤溪县总医院党委书记杨孝灯说。

尤溪县是全国县级公立医院综合改革示范县。这里的医生感觉良好，老百姓的感受也不差。

傅双珍家住尤溪县坂面镇蒋坑村，“三医联动”“三保合一”这些大道理她说不来，就是感觉现在和医生的关系有点不一样了，“以前是我老人家上门求人家给我看病，现在是人家上门来帮我老人家，说你得了高血压，降压药要一直吃，还要多吃哪些东西，少吃哪些东西，都要管”。

她是“50后”，喜欢说“我老人家”，说时不疾不徐、语速平缓。这就是幸福。

幸福的阳光照耀三明大地。2019年，三明人均医疗费用1734元，是全国平均水平的46%，人均预期寿命79.82岁，高出全国2.5岁。

幸福是可以传播、可以分享的。

三明市沙县高桥镇上里村村民卢盛垅，家里有林地3亩左右。原本以为种树嘛，挖个坑，插株苗，填上土，就行了。哪知道这是一个技术活，树苗是要精心伺候的，要有资金投入。林业又是个慢活，需要耐心等待。这点林地，就是传说中的“鸡肋”了。

就是要让这些“鸡肋”丰满起来！

三明着手推动“林改”，采取“分股不分山、分利不分林”的办法，重构集体林业经营主体，林农首次从林业上得到分红；又部署推进集体林权制度改革，明晰产权，发放林权证；并创新盘活林权金融价值，率先推出具有第三方支付功能的“林权支贷宝”和普惠林业金融新产品“福林贷”。

卢盛垅家的林地，由沙县官庄国有林场运营，通过股权量化，折算成了“林票”。拿着“林票”，他起码可以在转让变现、贷款融资、引入资本之间“三选一”。

“什么感觉呢？就是一个东西，都要扔到垃圾桶了。半路上有人说，这是个好东西，扔不得，我给你一笔钱，还帮你保管好。

就是这个感觉。”卢盛垅说。

三明是全国“林改”的策源地，是全国集体林业综合改革试验示范区。截至2019年底，这里农民人均涉林纯收入5090元，占可支配收入的三成。

三明的“林改”，走出一条生态惠民之路，也为这个中国最绿省份的最绿城市增加了一枚沉甸甸的绿色砝码。

行走三明，呼与吸之间，是天然的气息；俯与仰之间，是自然的丰盈；迎与送之间，是天地的交响。

绿色是三明的标志与氛围，也是底气，更是王牌。

绿水青山这个生态优势，如何转化为发展优势？被中国林业产业联合会确定为“全国森林康养基地试点建设县”的泰宁县，探路前行。

“当年毛主席在诗词里说三明是‘路隘林深苔滑’，如今的三明是‘路宽林茂粮丰’。三明好风景，如何保护好、发展好？我们泰宁县的思路是推进生态产业化、产业生态化，以森林康养引领旅游转型。”泰宁县委常委、副县长吴惠兰说。

舞台准备好了，远方的人跃跃欲试。

泰宁县杉城镇际溪村让张欣颐眼前一亮，林深水美、丹霞田园、岩穴寺庙等元素，触发了这位台湾景观设计师的“创作”冲动。这份激情受到特别呵护，她被邀驻扎进来，开展乡村营造建设，成就一个森林康养基地。

基于这里良好的自然生态，又是明代兵部尚书李春烨的出生地，这个项目取名为“耕读李家”。张欣颐和团队在这里受到礼遇，他们也通过设计表达对这方水土的尊重。

设计点亮乡村，艺术装扮生活。现在，村里有了静心书院、星空民宿、稻田咖啡屋，还有两岸文创产品展示区、乡村图书吧。

一个普通的小山村，成了“一方农耕乐园，一处心灵原乡”。

2020 年 9 月，张欣颐受邀参加在厦门举行的第十二届海峡论坛，并发表了“我们是来自台湾的福建新村民”主题演讲。她说：“我刚好有能力，大陆刚好有舞台。这里有一群乐于帮助我们的各级领导，一群愿意接纳我们、把我们当作家人的村民朋友。这里有好山好水好政策，让我有灵感去勾画美丽乡村的未来。”

三明就是一个可以不断给人以灵感的地方。这是因为三明始终保持着对新发展理念的信奉与恪守，对美好生活的向往与求索，对伟大梦想的笃定与追寻。

二

世道人心，温润三明：相互尊重，悉心呵护，每个人的热情如涓涓细流在汇聚，创造着这座城的温度与高度

“有温度的党建，有质感的幸福。”进入三明市三元区东霞新村小区，冷不防看见这么一句话，心头一暖。

这个小区，始建于 20 世纪 80 年代初期，共有 30 栋居民楼，占地 1 平方公里，住着 2000 多人。房子多是 5 层，现在看有些老旧了，墙面渍痕斑驳，都是风雨拍打留下的印迹，楼梯逼仄，若是两人迎面而来，只能相互侧身，或是一方停下，礼让三分。

但是，这里整洁、有序，没有惯常意义上大杂院的混乱不堪，舒适又庄重。就像一个老人，沧桑爬满脸庞，腿脚也不灵便，甚至衣服上还打了补丁，然而整个人干净、清爽，举止得体，精神劲头足，生命活力依然饱满。

新村小区所在的东霞社区，就公共卫生死角多、公益事业扯

皮多、部门之间纠纷多等痼疾，一针扎下去，20 世纪 80 年代就成立“区域性精神文明共建委员会”，提倡大家的事大家商量着办，鼓励文明待人、以礼敬人。

有团队来到新村小区，其中一个小伙子另有其他事宜，在团队离开时申请脱团，留下来等人。小区里的大爷大妈不知情，以为小伙子忘了上车，纷纷过来提醒，一位大妈急了，喊了起来：“小伙子，麻烦啦，他们走啦！赶紧打电话，让他们绕回来接你！”小伙子被热情包围，连忙起身解释，心怀暖意。

三明，在全国最早开展群众性精神文明建设活动，最早成立精神文明建设工作机构，最早提出文明城市目标。1984 年全国“五讲四美三热爱”活动工作会议、1993 年全国首次文明办主任座谈会，都是在这里召开的。三明，高高举起精神文明建设这面旗。

甘嘉思响应着这面旗的召唤。

1998 年 9 月出生的她，是厦门人，就读于三明学院传播学专业。身边的人都在参加志愿服务，她也自然地投身其中，正好被派往东霞社区，成为“四点半学校”的一位骨干。

孩子们四点半放学了，父母还在上班，她就领着孩子们来到社区提供的一间教室里，辅导作业、指导画画、做游戏。

有一项语文作业，列出几个词语，要求用一句完整的话串起来。孩子们就顺着课本上的原文写。甘嘉思就启发他们：能不能再想一句跟课本上不一样的？

“我希望小朋友的思路能更开阔一些。”甘嘉思说。

有的小朋友在学校得了小红花，就跑来送给甘嘉思。这让她感动不已，“孩子们的心意，让我觉得志愿服务不只有付出，更有收获”。

像甘嘉思这样的注册志愿者，在三明有将近 30 万人。其中，

“80 后”江华是比较特别的一位。

他是三明市将乐县万全乡人，长得帅气，还是那种周正、清秀的帅气。命运捉弄，14 岁那年，因罹患青光眼，他双目失明，“突然之间天塌了”。

偶然的机会，他遇见三明市特殊教育学校校长黄金莲。“老师，我想念书！”江华带着哭腔喊出的这句诉求，烙在了黄金莲的心坎上。她四处奔走，扫除障碍，破格录取了这个学生。

这给江华的人生搭建起一个新的梯子。完成学业之外，他前往河南、北京学习针灸推拿，又回到三明创业，开办一家盲人推拿按摩店。三明的“医改”走在全国第一方阵，政府部门理顺关节，将他的按摩店列入医保定点刷卡单位。这在福建省是首例，“破天荒了”。

在社会的帮扶下，江华用自己的双手，开创美好生活。三明这座城的气氛，驱动着他想干点什么。2012 年，江华组建成立三明市残联盲协学雷锋志愿服务队，以“一双手推出健康，一颗心回报社会”为宗旨，提供公益按摩服务。

梅列区华恩儿童村、宁化武警中队、市公交公司……这些地方，都留下了他和同伴的足迹。

2014 年，江华获得“全国自强模范”称号，2020 年进入“第七届全国道德模范提名奖”名单。

“所有的付出和努力，终有一天会反过来拥抱你。”江华说。

爱出者爱返。这个道理，在三明是个普遍性的道理。

三明二中语文老师林璇的工作是连轴转，除了上课这个雷打不动的硬任务之外，要做科研，要关心结对青年教师的教学质量，还要随时准备被学生拦住，就学习上的疑难点进行个性化辅导，或者聆听他们的心事，特别是要设法化解青春期的愁绪与冲动。

带着一身疲惫出发回家，路过教学楼一层楼道时，林璇看着墙上的一幅漫画，顿时疲惫感被稀释不少。

学校鼓励学生给老师画像，这给了廖雨贝儿一个契机，表达对林璇老师的敬意。“林老师亲和、可爱，是跟我们打成一片的大姐姐。”在她的画笔下，林老师戴着大大的眼镜，一会儿挠头沉思，一会儿又站在黑板前讲述议论文写作如何“定性分析”。画的左下方，写着她的一句感叹：“璇姐敲可爱的鸭！！！”一看就有借机撒娇的“嫌疑”。

如今在外地读大学的廖雨贝儿，经常想起“宝藏城市”三明的点点滴滴，怀念那里的生活节奏，想念那里人和人之间的温情，铭记着母校校训的教诲，“明德、明理、明志”。

这是三明二中对“三明”的诠释。三明市三元区东霞小学教师庄孝谦，创作了一首名为《我的家乡叫三明》的童谣。不少孩子念着这些句子，感受家乡的风韵与本色：“什么三？一二三。什么明？日月明。日月星辰来照明，山明水明道路明，我的家乡叫三明。什么三？数字三。什么明？灯光明。党的政策来照明，开明清明又文明，我的家乡叫三明。”

文明这面旗，三明永飘扬。三明这座城，在垫高文明的层级，在拓宽生命的半径。

三

滚烫红心，最是三明：向历史的深处探底，到初心的来处溯源，精神的力量滋养着一座城的拔节生长

余仁礼、邱贵禄、邱荣爵、黄福禧，他们是宁化县人。

高超尧、林登舜、林拔萃、乐福满，他们是大田县人。

刘良德、李吉福、冯锦桂、黄嘉棋，他们是永安市人。

范寿仁、张善来、郑恒贵、林玉美，他们是梅列区人。

这些名字，庄重，温暖，接续着深厚的传统文脉，向着闪亮的未来，蓄满了真挚祝福与美好期待。

汪酒壶子、谢矮古仔、廖哑巴子，他们是建宁县人。

夏冬狗、张得狗、刘包子，他们是明溪县人。

这些名字，可能是绰号，或者是小名，有些随意，土里土气。不过也多少见出他们的豁达与随性，活泼泼地行走在人世间。

他们，都是革命烈士，都是把身躯献给了壮丽事业的人，都是英雄。

他们都是三明人。

三明全域是中央苏区，是“扩红补给”的重要地区之一，是红军长征四个出发地之一，是“红旗不倒”的革命根据地。

他们都是三明的儿女，躺在2002年出版的三卷本《三明市志》里，静穆无声。

从2999页至3016页，是“革命烈士英名表”，每页横向9人、纵向38人。一个齐整的方阵，火红的信仰在升腾。

一个个名字，一棵棵大树。

还只是“已知”，属于“不完全统计”。

其中，“曾富良、谢玉珠、曾其应”三个名字是排列在一起的。他们是清流县林畲镇人，一家三口。

曾富良当年参加赤卫队，担任交通员，为红军传递情报。妻子官和英加入红军队伍。1934年9月，曾富良在执行任务途中被敌人发现，惨遭酷刑，被押到一个乱坟岗活埋了。当年11月，儿子曾其应在江西瑞金与敌作战时英勇牺牲，年仅21岁。儿媳妇谢玉珠强忍悲痛，继续为游击队送信，不幸被捕。敌人不顾她已经有了5个多月的身孕，举起屠刀，开膛剖腹，母子遗骸被抛在野外。

一个用鲜血和生命铸就的红色家庭。

1957年，经组织批准，64岁的官和英收养了一个小孙儿，给儿子作继子，让烈士有后。这个男孩后来生了个女儿，叫曾丽红。如今她是红色三明故事宣讲团成员。长辈的故事，由她来讲述给大家听。

2020年11月12日，“风展红旗如画”红色三明故事宣讲报告会走入清华大学。讲述完家族的故事，曾丽红说：“在革命战争年代，我家的故事不是特例，是苏区人民为革命作出重大牺牲的缩影。当年我的亲人和他们的战友用生命铺就了革命的道路，用鲜血换来新中国的建立。作为烈士后人的我，有义务将苏区精神代代相传。”

报告会结束时，有同学留下来，主动跟她握手。曾丽红感受到了力量。

“我深深被革命前辈的大无畏精神所感动。他们抛头颅、洒热血的精神，不论何时都应被铭记、被传承、被发扬。”清华大学化学系博士生刘伟旭说。

历史的使命，三明用肩扛，其中甚至包括传扬人类原初智慧的使命。

步入万寿岩国家考古遗址公园，映入眼帘的一面墙上，刻着这么一句话：“任何个人和单位都不能为了谋取眼前或局部利益而破坏全社会和后代的利益。”字里行间，流露出恳切与坚定。

这里是我国南方典型的洞穴类型旧石器时代遗址，被评为“2000年度全国十大考古新发现”。

遗址的边上，立着8个石料仓储罐，爬山虎依着自己的脾气，在它们身上肆意铺排开来。这几个废弃的“大家伙”，诉说着曾经的一段较量。

20 世纪末，万寿岩山体被买断，进入开采期。只是听说这里有“文物”，但到底是个什么情况，不太清楚。于是，开采矿石大干一场的“轰隆隆”和考古发掘吹落灰尘的“呼呼呼”，在这里共存。

万寿岩，危矣!

1999 年 11 月 15 日，发掘出土的石器标本，送到了贾兰坡院士那里。当时再过 10 天，这位参与过北京周口店遗址发掘工作的业界权威，就要度过 92 岁生日了。经过仔细观察和比对，老人家郑重写下自己的论断：“这个遗址很重要，必须保护。”并且盖上自己的印章。

老人家的声音，传到了省城福州。总是有一种力量在捍卫历史的潮流，总有一种目光在关切人类的未来。经过细致、严密的调研与核实，2000 年元旦，新千年的开篇，省城传来坚定的声音：万寿岩旧石器洞穴遗址作为不可再生的珍贵文物资源，“必须认真妥善地加以保护”。

万寿岩，稳住了!

河南周口人朱凯，放弃河南省文物部门的工作，来到三明，守护万寿岩，“这是个大事，值得来做点什么”。现在他担任万寿岩遗址博物馆副馆长。

当时 4 岁的朱一诺，跟随父亲从郑州来到三明，见证了万寿岩是如何从一个山洞成为一个遗址公园的。如今就读于厦门大学文博专业的她，很想到考古发掘工地上体验生活，“拿着小铲子，画图，摄影，还可能经历重大发现的过程，这一切令人向往”。

9 岁的黄周涵文静、乖巧，是三明学院附小四年级学生。她给万寿岩画了一幅画，思路是既要写实，又要有自己的想象，把两者结合起来。结果，她画的万寿岩，就像是一只大老虎趴在地上，侧着脑袋在张望。

“我就想知道，我们古人到底有多聪明？”黄周涵侧着脑袋在思考。

中科院古脊椎动物与古人类研究所研究员高星作出解答：“万寿岩的船帆洞遗址有石铺地面。当时生活在洞内的古人群从洞外河滩上拣了一些大小适中、形态扁平的砾石，搬进洞内，将洞室地面垫高、铺筑平整，同时还在洞壁根部开筑引水沟槽。这是世界范围内目前发现最早的‘室内装修’遗迹，距今3万年左右，表明当时人类已经具备很高的认识自然、改造自然、改善生活条件的思维与能力，是我们的祖先聪明才智和不断创新、发展的明证。”

他更看重这里的研究潜力：以前发掘出土的材料，还未开展精细的信息提取和深入研究，已经发掘的洞穴还有很多未触碰的原生堆积。附近的山坡、沟谷很可能还埋藏着古人类生产生活留下的遗物遗迹，可能还有价值更大的古人类居住过的洞穴尚未揭开面纱。

万寿岩依然是一个谜。三明将继续享用保护文物带来的荣光。

距离万寿岩不远的地方，有个自然保护区，里边有一大片的格氏栲，也是个谜。

格氏栲是珍稀濒危树种，这里却有近万亩，年龄多在百年以上，是目前世界上面积最大、纯度最高的格氏栲林。

格氏栲的树皮像鳞片，紧紧依附在树干上，好比给树干穿了一件蓑衣，也有人说这是“剥皮树”。这个树种，材色鲜艳，心材呈红褐色，而且纹理细密、材质结实。

“格氏栲的实木放在地上，我们女同志穿着高跟鞋，鞋跟很尖的那种，踩在上边原地转一圈，没有痕迹的。”三明莘口格氏栲自然保护区服务站站长沈彩霞说。

这是一个明丽的女子，发表了不少关于格氏栲的研究论文，她说自己只是个护林员，愿意每天与山为怀、以林为伴，在森林里深呼吸，也就是“森呼吸”。

“山中稀世宝，人称格氏栲。风雪加战乱，千年压不倒。”福建省委原书记项南为格氏栲写下的句子，沈彩霞感觉耐人寻味。

这一棵棵大树，就像是一个个三明人。

三明人，是信仰坚定的人，是持续向内用力的人，是对自己有要求的人，是不断克服自身短处的人，是奋力朝前奔跑的人。

“绿水青山就是金山银山”“幸福是奋斗出来的”“全面小康路上一个都不能少”“我们都是追梦人”……在三明，这些饱含深意的话语，是在大街小巷、村头田野经常见着的，也是三明人心里念着的，更是三明人点滴实践着的。

于是，三明这座城踏着时代的节拍，在拔节生长。

于是，三明在彰显信念的力量，在激活精神的蕴藏。

于是，给三明的起跳以强大支撑的这个国家必将乘风破浪，行稳致远。

本固枝荣　晋江之魂

安踏。恒安。读起来有一种对称的快感，富于韵律与节奏。

这两大知名品牌，在福建晋江，是闪耀着光芒的双子星座。

2018 年 6 月，美国《福布斯》杂志发布当年全球上市公司 2000 强排行榜，安踏、恒安榜上有名。

以安踏、恒安为龙头，一个个知名品牌，手牵手，排成队，一道铸就“晋江”这张品牌。

县域经济基本竞争力排名全国第 5 位，全国中小城市投资潜力百强县位居第三，上市公司 46 家，2017 年财政总收入超过 210 亿元……“数字晋江”沉甸甸的。

“晋江模式”“晋江经验”“晋江奇迹”……“理论晋江”亮堂堂的。

学霸是属于“别人家的孩子”，而晋江属于“别人家的城市”。“口碑晋江”响当当的。

历经精心培育，晋江从一棵小树苗，茁壮成长为参天大树，枝繁叶茂，绿意葱翠，洋溢着蓬勃生命的动人气象。

“叶茂”基于“根深”，“枝荣”在于“本固”。晋江这棵大树，主干敦实、健壮，稳稳扎根大地，朝着辽阔的天空挺拔起伟岸的身姿。

晋江何以成为“晋江”？几近成谜。而谜底或许就在于固本，晋江始终在涵养思想之本、文化之本、精神之本。

本固枝荣，晋江之魂。

一

开窗放入大江来：一个全方位释放思想能量并使之落地生根的地方

展开晋江地图，这方水土勾勒出的轮廓，有着淳朴、可爱的憨态，给人以踏实和亲切的感觉。

水土无言，而在这方水土上生长着的人，心中始终激荡着万千波浪。

这里曾经“人稠山谷瘠”，为了一个初步的温饱，晋江人只好向山要地、与海争田，甚至还出现过“海者，闽人之田也”的论断。

脑海里不免升腾起一个念头：海的那边，是个什么模样？于是，“每岁造舟通异域”，且看天地壮胸怀。“市井十洲人”，简单的五个字，把“海上丝绸之路”繁荣时期的通商盛况描摹了出来。

时势骤变，几度沧桑，晋江人的手脚被束缚住了。1978年以前，晋江人被圈定在有限的耕地上挥洒汗水，虽然“高产”，却依然被扣上“穷县”的帽子。偏居一隅，人多地少，资源匮乏，晋江犹如这个古老民族的一个切片，折射出时代之困与命运之惑。

晋江在等待，晋江人瞩目远方。

改革开放政策，就像一道思想的光，洞穿了雾，抚平了痛，划过中华大地的上空，制造出动人的明亮。

晋江人闻风而动、逢时弄潮，沉睡在血液里的开放思维、商品意识、竞争精神等“经济人”特征开始苏醒，与生俱来的饱满张力和无穷能量已然松动、急切释放。

晋江出能人，能人有点子。晋江的这批能人，让太多的“不可能”，成了“可能”，进而令人默认“应该就是这样”，最终笃定“原本就是如此”。

“问：你的厂子呢？答：没有厂子。问：你有资金吗？答：没有资金。问：你懂技术吗？答：不懂技术。问：那怎么办？答：我是没有厂子，可人家有厂子。我是没有资金，可别人有资金。我是没有技术，可别人有技术。”这是晋江人柯子江曾经与客商的对话，看似有点天方夜谭。

如今出任晋工机械有限公司董事长的柯子江早就明白：没有厂房，可以“借鸡下蛋”，可以拆并自家房屋；没有资金，可以集资合股，可以借贷；没有技术，可以外请，可以借鉴，可以培养，可以自己摸索着干。

“要看银山拍天浪，开窗放入大江来。”这是晋江先贤、北宋政治家曾公亮写就的名句。他在“夫子自道”，也在为故土乡亲的气魄定格。

晋江人，放开手脚，雄姿英发，与商海大潮劈面相逢。然而，放开手脚，过头了，就是大手大脚，甚至是毛手毛脚。

1985年，刚刚被改革开放东风吹拂、开始尝到甜头的晋江人，因为“假药案”而背负重担。当时，部分联户企业以冰糖、银耳等加工成方便食品，包装上印的却是卫生检验编码，假冒保健药物销售。一时间，“晋江”二字黯然失色。到外地出差的晋江人，生生被旅馆下了“逐客令”，毫不客气。

晋江将走向哪里？有人叹息，有人观望，有人窃笑。

是就事论事，还是全盘否定？是全面停顿，还是打扫干净、从头再来？没有现成的方案可以遵循。

当时的晋江县委县政府站了出来，承认错误，担起责任，划出红线，继而鼓足干劲，领着大家一起往前走。

主要负责人公开表态，要求以积极的态度，正确地吸取“假药案”的深刻教训，“否则，消极地吸取教训，就会变得谨小慎微起来，就会不敢开放，不敢改革，就会贻误我们的事业”。他随之苦口婆心地喊话，“揭露和解决工作中的弊端，是为了更好地坚持开放和进行改革，决不能对开放、改革的方针产生动摇。由于揭露和解决问题，可能有些人就认为政策要变了，要收了，这是不对的”。

态度果敢而干练。晋江能人心里的疙瘩解除了，放下包袱，轻装上阵。不过，行囊里多了一个法宝，那就是诚信，“诚信是金，诚信是命，诚信是市场主体的立身处世之本”。

“假药案”犹如一场头脑风暴，让晋江人明白，“经济人”也应该是“政治人”，需要善于以思想武装自己。用恒安集团创始人许连捷的话说，“总是有比我们想得更长远的人”。

新时代的晋江人，就始终追寻着思想之光，守护着思想之本——

“改革开放只有进行时没有完成时。”全面深化改革，战鼓声声催人急。晋江，踩着鼓点紧相随。

国家新型城镇化综合试点、全国农村集体产权制度改革试点、全国社会管理创新综合试点城市、国家学前教育改革发展实验区、全国中小学艺术素质测评实验区……当前，晋江承担的国家级改革试点项目共计 20 个。“小环境”的晋江，为“大环境”的完善探路、摸索。

这条探索之路，也是一条创新之路。“创新是引领发展的第一动力。”这就像一场永无终点的竞赛，号令已经庄重地发出。晋江，稳健步伐，向前迈。

占地面积 26 亩的晋江创意创业创新园在山下、在树中，就像一个年轻的小伙子，自带青春的动感。在这里，创新要素与资源不断地集聚、发酵。只要有好点子、好念头，都能受到尊重与礼遇。用园区开发建设领导小组办公室主任蔡金星的话说，“不管是布片、纸片、薯片还是芯片，掌握了核心技术，在这里就被认定是好片”。

蔡金星常年跟企业打交道。他的心里有一杆秤，一头要确保“亲”，一头要掂量“清”。在民营经济重镇晋江为官、从商，自然要更懂“禁忌”。

位于晋江经济开发区的非公经济领域法治教育基地，参观起来不轻松。墙上的展板，罗列着职务侵占罪、拒不支付劳动报酬罪、串通投标罪等典型案例，有故事，有法理。脚下踩着的，是鲜红色的警醒标志，辅以精短的文字，告知哪里是万万不可触碰的“禁区”。涉及健康、家庭、经济等犯罪成本，一笔一笔地算过来，旨在破除不少人抱持的“跟我无关”的漠视和“轮不上我”的侥幸，呼唤着清清爽爽、淡然如水的交往与情谊。

“内坑党委有高见，党员讲课榕树下。闽南方言聊党建，党员干部作风变。不忘初心勤充电，牢记使命作贡献。”这一幕，出现在 2018 年 6 月 2 日下午的晋江市内坑镇黄塘村。“榕树”“方言”“党建”“初心”，是关键词。其中蕴含的道理再简单不过：筑牢堤坝，坚定信念，贵在日常。

“冷静冷静再冷静，严谨严谨再严谨”，这则口号，赫然刻印在晋江市委会议室的墙壁上，不厌其烦地告诫当地决策者立场要坚定、头脑要清醒、思维要缜密，力争当好“引路人”“推车手”“服务员”。

风风雨雨，一路凯歌，晋江人太懂得“思想上松一寸，行动上就会散一尺”的道理。于是，晋江四十年，思想的“尺寸”不松不散。

二

蒙以养正向斯文：一个让传统不断生长并使之与现代融合共生的地方

泉州市有个晋江市，晋江市有个五店市。

前一句说的是行政区划，很好理解。后一句呢，是个什么情况？

相传，唐开元年间，有蔡姓兄弟五人，在青阳山下的官道上，开设了五间饮食店，让风尘仆仆的旅人有个歇脚处。饭菜飘香，酒旗猎猎，“五店市”的声名也就传开了。其他商家纷纷进驻，一时店铺林立，热闹繁华，成为晋江城的中心。从出砖入石的古大厝到中西合璧的番仔楼，130多幢古建筑凝固了晋江的旧时光阴。

作为民营经济先发地区，晋江新型城镇化的难点不在建城，而在守乡。对这片传统街区，自然要全面保护，有限改造，适当升级。

取个什么名字？晋江广泛听取意见，最终还是圈定“五店市”。

这三个字，是文化，是遗产，是晋江这座城的原点，是蕴藏着这座城池“初心”的所在，是晋江人记住乡愁、回味往昔的一条通道。尽管“晋江市有个五店市”说起来有些突兀，但不足以撼动“五店市”的重量。

漫步五店市，闽南传统建筑“皇宫起”的精巧与典雅令人赞叹，那一抹亮丽而端庄的红，诠释着闽南人的一种心性与品性。

“柳青新宅”的门前，青石板上的家训遒劲有力：“读伟人之传记，研究古来大豪杰成业之原因，则有益于吾人之身心。”

一家名为“风雅颂”的书店，古色古香，赋予一本本图书以活泼泼的气息。随手翻翻《俞大猷研究论文集》，恰好读到这位抗倭名将的诗作《秋日山行》：“溪涨巨鱼出，山幽好鸟鸣。丈夫不逆旅，何以及苍生。”而俞大猷，是地地道道的晋江先贤。

晋江人，是“文化人”。他们可不愿意让五店市传统街区成为文化乡愁“盆景”，而是试图营造出一道道文化乡愁“风景”。

以陈埭涵口、灵源灵水、龙湖檀林、金井塘东、深沪科任等10个古建筑群为重点，晋江保留修缮6500多栋具有时代特色的建筑单体，并在建设中注入历史元素、侨乡元素和闽南元素。

晋江正在着力建设创新型品质城市，瞄准的是“国际化”，但“闽南风”依然劲吹。传统与现代，在这里相融，结连理。

闽南语吟唱被列入“非遗”项目，《晋江经济报》还开辟专版，不时邀请“小记者”就“我爱闽南语”写同题作文。晋江市第二实验小学五年级六班蔡元憬写道，自己课余跟刚理发的同学施嘉灿相遇，不禁打趣，“一日剪头，三日缘投（英俊）”，接着用手指在他脑门上弹了弹。施嘉灿用手一挡，回敬一句，“我看你是细汉（小时候）没绑手，是不？”蔡元憬觉得，就这样你一句，我一句，“说闽南语真有趣”。这篇作文，题为《把根留住》。

晋江，点滴用心，动之以情，只为“把根留住”。

“蒙以养正”，出自《易经》。“养正”二字，被委任给一所中学命名。创办于1928年的晋江养正中学，校名沿用至今。中学像所大学，校园像个公园，养正中学新校区有着簇新、明快的品相，这里绿荫环抱，建筑风格很闽南、很古典，又很现代、很时尚。

美丽的校园嵌入两个湖泊，一曰“元湖”，一曰“贤湖”。

这两个名字的背后，站立着的是两位校长。

取名“元湖”，是为了纪念创校伊始不辞劳苦、勉力办学的老校长俞贵元。“校长兼校丁，教员兼敲钟。”国难时刻，百业凋敝，办学经费难以为继。俞贵元顶着一个“俞钱鼠”的绰号，四处化缘，惨淡经营，只为赚得书声琅琅。

唤名“贤湖”，是为了纪念32岁上任，一干就是23年的老校长陈名贤。他将这所中学扛在肩上，走过了漫长而动荡的20世纪60年代、70年代。爱才、惜才，正派、刚直的陈名贤，摁住苦痛，抖擞精神，设法让晨光中的校门按时敞开、校园里上课的铃声准时敲响。

蒙以养正向斯文。养正中学以庄严的姿态礼敬传统，赋予两汪水以象征意义，目的不外乎是让莘莘学子回望来路不忘本、心怀感恩勇攀登——2018年高考，福建省文科前100名，养正中学占据三席，分别位列第1名、第81名、第94名。

不过，晋江人深谙辩证法。传统的风华与味道令人迷醉，但传统并不总是好的，有时还是前行的障碍。晋江人就不断地挤压一些传统所携带的负功能、负效应，而将有营养的那部分精心打理。

在晋江，操办红白事曾经要连续多日大宴宾客，东家备好饭菜，任亲戚朋友邻居免费吃喝。这个名为“任公饭”的习俗，一度规模越来越大，战线越拉越长，是铺张浪费顽疾的“集大成”。

移风易俗，晋江有招。这里企业多，商会也多。商会这笔资源被大面积激活，成为解决问题的“牛鼻子”。晋江人将问题细化，从缘起、痛点、剖析、解脱、成长五个层次逐一爬梳，随即发出拷问：一家企业，不注重社会影响，不维护自身形象，一味醉心于场面上的热闹与虚荣，是不是有点得不偿失？

怎么办？不讲“排场”论“心肠”。手头宽裕，与其在这等陋俗上费力气，不如拿出来，扶危济困。

商行天下，善行天下。晋江人试图回到人性之本、文明之本。文脉涵养商脉，商脉呵护文脉。文脉与商脉，在晋江，循环往复，有机生长。

三

全市一城，全城一心：一个富有精神容量并使之焕发出勃勃生机的地方

有人在问："蚂蚁"到"大象"的距离有多远？晋江人笑言：隔着一个晋江。

这个"晋江"，是蓄满了精神能量的晋江。

北京时间2017年10月16日凌晨，意大利撒丁岛，"中国晋江"经历了一场大考。

当日，国际中学生体育联合会举行执委会会议，投票表决2020年第18届世界中学生运动会举办城市。与晋江一道竞争的，还包括印度浦那、匈牙利布达佩斯等城市。最终，小城市为大中国赢得"加分"。

国际中学生体育联合会主席劳伦特·佩楚卡坦言，中国晋江的精神和氛围，只有到了那里，才能体验到。这是申办中很重要的一点。

晋江，到底有着怎样的精神和氛围，如此令人着迷？

陆域范围的晋江，649平方公里。晋江将这片土地的各个角落纳入视野，作为一座城，以整体的眼光统一规划，以求"全市一城"。

如果认为这就是一个完整的晋江，如果认为拥有户籍的110.8

万人才是晋江人，可能就错过了探寻“晋江秘密”的一个个锦囊。

300 万华侨是“第二晋江”。130 万外来人口，也就是“新晋江人”，是“第三晋江”。在晋江，至少有三双手，共同托举起这座城池。

于是，晋江城的边界无限辽阔，而精神意义上的晋江有着远超 649 平方公里的深厚，正可谓“全市一城，全城一心”。

这次申办世界中学生运动会，99.48% 的晋江人举手支持。办大事，晋江人全心全意。而晋江企业家代表群体，担当起民间交流大使，热情展现“晋江主人”风范，甚至直接进驻申办现场，表达决心，传递信心。

对于晋江事、家国事，晋江人从来不是事不关己的“局外人”，而是稳稳当当的“局中人”。

“第二晋江”，在海外施展拳脚，以命相搏，求得声名。“在命运的海上搏击 / 呼啸旋转在浪峰波谷 / 目标不在彼岸乐土 / 只是表演生命潜在力量 / 借风曲线前去 / 绕过漩涡跃向天际 / 活脱潇洒有如飞翔 / 在海的坦荡怀抱 / 写忘情的诗。”这是当代诗人蔡其矫奋笔写下的《给冲浪者》。这位晋江之子，给自己那些在海外打拼的乡亲一个响亮的名字，“冲浪者”。

不过，晋江的冲浪者纵横四海，心里念着的却是老家门前的那棵古树。用他们的话说，走得再远，也记得自己的“摇篮血迹”。当年华侨回国，给邻里亲友选购礼物时，以针线为上，寓意是穿针引线，牵来带去，情谊绵长。

他们以言和行，让“报本反始”这四个硬朗的汉字生动起来。

1906 年出生于晋江龙湖镇衙口村的施连登，13 岁下南洋谋生，历尽艰辛，成就家业。哪知日寇大发淫威，妻儿悉数倒在铁蹄之下。他赤膊空拳，再度发奋，重振雄风。耄耋之年重返故土，几度倾情出资，建设家乡。他在捐建的“李埭亭”石碑上镌刻《游子吟》，陈述心迹：“家国未敢忘，摇篮心上留。……欣荣堪策励，游子共推舟。春晖寸草报，乡情铭座右。绵力修路亭，四化添一锹。”

你一锹，我一锹，他一锹，积土成山。

成立于2002年12月的晋江市慈善总会，是全国首家县级慈善总会。截至2018年4月底，累计募集善款30.22亿元，目前受助者达17万人次。这是两个有温度的数字，爱在其间静静传递。

晋江人，也是“社会人”。他们对晋江的爱，他们的家国情，确认过眼神。

2015年8月，晋江市政府与福州大学签署共建“福州大学晋江科教园区”合作协议，选址在金井镇。福建七匹狼董事局主席周永伟安排投资团队对这个项目进行反复测算。结论是需要投入9亿元，却不是一个绩优项目，亮出的是反对票。

周永伟犹豫了。转念一想，身为土生土长的晋江人、金井人，自己的产业也是在这里发展壮大的，这所大学校园建在家乡，自己不支持，谁来支持？说不过去！他想起了“施连登们”。前辈企业家回报桑梓的慷慨行为犹如一场接力赛，如今到了自己接棒的时刻。

“再说了，这是一个百年树人的高等教育项目。一旦成功，家乡的产业方向就会改变，此后污染项目势必无法落地。原来的小渔港一下子就变得‘高大上’。这样的美妙值得向往和期待。一个项目有如此巨大的社会效益，作为一个本土企业家要有应该有的觉悟，只能是坚定地投下去。”周永伟说。

商人重利，看似无可厚非。但需要深想一步：看重的究竟是什么“利”？是纯粹的经济利益？还是也包含着社会效益？而社会效益假以时日，可以超越经济利益，并且转换成为更加久远、更见分量的“经济利益”。

一边理顺利益的逻辑关系，一边高歌“爱拼才会赢”，晋江人深谙“收支平衡”的道理。

“幸福是奋斗出来的。”此中的深意，晋江人坚信不疑。五店市“柳青新宅”门前，还有一则家训：“人若欲保一身之健康，当日日勤于职务，彼坐食游惰，决非摄养自爱之道也。”而“日日勤于职务”，可以健体、修身，也可以铸就美好生活。

“撸起袖子加油干。”晋江人一直在践行，并成为“晋江经验”中的关键一条，“始终坚持在顽强拼搏中取胜”。晋江人喜欢开玩笑说：“除了死不能早，其他都要早。”事实上，晋江城是真正的“不夜城”，因为这么一群“睡不着的晋江人”，心中永远的旋律是“三分天注定，七分靠打拼”。

所以说，晋江人，“个个猛”，提着一口气，“输人不输阵”。

所以说，晋江人，不任性；晋江人，有韧性。

所以说，总是向上晋级，是晋江的天然基因；处处拿“金奖”，是晋江的当然使命。

“鱼傍水，水傍鱼。”“埠头钱，埠头用。”晋江人深知，携手互助蕴藏着惊人的能量。他们认定，“同行不如同命”。因为“同行”只是大家一起往前走，“同命”则要考虑如何一起走，要相互照顾，要相互体谅，要相互成全。

在晋江，外人也不是“外人”。晋江市向“新晋江人”公开承诺：不让一名外来务工人员因恶意欠薪而领不到工资，不让一名外来务工人员维不了权，不让一名外来务工人员子女上不了学。即便“新晋江人”因遭遇抢劫、抢夺、盗窃等造成损失，也可以获得社会治安综合保险补助。

“在一起，更出彩。”晋江申办世界中学生运动会的主题口号，也是这座城市气质和性格的高度凝练。

晋江人，是命运共同体，也是情感共同体。

1963 年 9 月的《文物》杂志，刊登了茅以升介绍晋江安海镇安平桥的文章。他写道，安平桥又名五里桥，“并非离开什么城市有五里路，而是它本身就有五里长，这在世界古桥中，恐怕是唯一的。泉州民间多年来传说‘天下无桥长此桥’，却也当之无愧”。

通过翻阅史籍，他发现，这座跨海大桥的创建与维修经费，都是募化而来。南宋赵令衿就感慨万端：“斯桥之作，因众志之和，资乐输之费，一举工集，贴利千载，是岂偶然也哉。”

五里桥，稳固，绵长，熔铸着急公好义的精神力量。

站在五里桥上，自有宋一代绵延至今的美丽弧线向海的深处延展，石头的纹理斑驳，浸染着风吹雨打的沧桑，却也依然鲜活灵动。这不由得让人想起当代诗人张同吾写下的句子，“时间　无法计数 / 有多少人经过五里桥走向远方……从陆地走向海洋 / 新生和湮灭都是一次终结 / 只有五里桥以五里的长度 / 坚守自己　用坚硬的质地 / 证明性格”。

晋江人，就有着如五里桥般坚硬的质地。

晋江就像这么一座历久弥新的五里桥。曾经，世界的消息通过这座桥，让古老中国的一个角落睁开了眼睛；如今，中国从这里通向浩瀚的世界，捎去繁盛、安定、和平的好消息。

乘着新时代的浩荡春风，晋江这个展露出美好生活壮丽前景的地方，依然永不止步，向着更广阔的世界、更伟大的梦想深情眺望。

附

家训，那些闪亮的句子

家训，其实就是长辈给后生立规矩，应该如何，不应该如何，涉及立身处世、持家治业、人生规划等内容。家训的句子，一般都比较简短，高度凝练，相当于长辈的口头禅，以“你们给我听好了”为话头，摆出阵势，就开始谆谆教诲了。按说家训属于私密之事，家族成员知道了、践行了即可，自家规矩不必外扬。故而家训多是口口相传，要么就立个字据，见字如面，大不了挥毫下来，挂在厅堂。而在福建泉州晋江，家训是向外敞开的，直接镌刻在房子门前的墙壁上，大大方方，无遮无挡，对内是一个警醒，对外是一种宣示，颇有“说到做到”“欢迎监督”的意味。

晋江五店市传统街区，有一座“柳青新宅”，坐北朝南，面积共918平方米，说是五开间的“川脊顶砖石木结构”，一个很见气势的院落。

宅子建于1935年，原初的主人是旅菲华侨庄铭岸。年轻时出外打拼，勤俭积累，经营“元兴号”杂货店，事业有了起色，心里却把故土碎碎念，就遣送其子庄清良回乡主持营建一座住宅。

父与子，总有一些内在的东西通过血液的流动，延续着，生长着。16岁的庄清良应诺，基于乡亲的协力和自己的能耐，把房子盖好了，最终还成了文物，供后人驻留、品读，若有所思。比如，宅子门前青石板上镌刻的几条家训，颇为可读。

“凡有远虑之人，不特顾目前之生活，并虑及将来，勤俭贮蓄，预为之计。”这是说，人还是要想点将来的事，别一门心思只想在今天撑破肚皮，而不顾及明日的饥寒。要有一个总体的设计，把目光放远一点，看高一点，正所谓“远虑”。眼睛只盯着脚尖尖的那点事，成不了气候。这是干事业的理，也是持家的理。具体策略就是“勤俭贮蓄”，生存、生活、心理的基本需求满足了就行了，刚刚好就是最好。要节俭的，要贮蓄的，不仅是钱财，也包括精力、心智这些“务虚”的精神资源。总之是不搞那些无谓的铺排，开一堆“空头支票”，放任欲望如滔滔洪水，如万马奔腾。

“富裕之后，益当谦逊，常存人贤于我之心，恭俭而不骄，自得天祐。”这多少属于自我警醒了。“富裕”，说的是物质上的充沛，可以自主调配资源，可以在衣食住行上大手大脚。但物质上的富裕并不能自然生成精神上的富足。而真正精神上的富足是个什么样子？答案有点深沉，“谦逊”。这是一种品德，而且是很高级的品德。“常存人贤于我之心”，也就意味着要时刻掂量自己的斤两，对自身多一点要求，对他人多一分敬重，做到“恭俭而不骄”。这么一番向内用力，大致可以避免负向情绪的泛滥成灾，“自得天祐”，自己求得心安，人也臻于一个真正的人。

“读伟人之传记，研究古来大豪杰成业之原因，则有益于吾人之身心。”这是一则方法论，很具体，也实用。一个家，有书香，是个常理。书如海，浩渺无垠，选择什么类型的书来捧读，是一道难题，颇为伤脑筋。书之质量，也有高下优劣之分。读了恶书、烂书，等于给脑海中输送了负能量，还不如不开卷，任凭风霜雨雪来教导。这则家训就将读书之事明朗化了。要读就读传记，读伟人传记，看看“古来大豪杰”是怎么成长的，是怎么立业的，是如何克服万重艰险而走上人间正道的，是如何对待命运女神的眷顾与垂青，又是如何抗拒生命中不期而遇的恶作剧。在伟人传记的字里行间汲取精神养分，让自己的身心变得充盈富足起来，也就有了对抗社会风浪袭击的武器。

此类道德劝诫与精神导引，在晋江的传统村落，是时时可以见着的，成为一道风景。

“留福与子孙，未必尽黄金白镯；种心为产业，由来皆美宅良田。”这则家训，出自晋江市金井镇塘东村蔡本油的府上。如果子孙后代在人性、品格上出了问题，给他们留下一堆堆黄金白镯，看似是“福”的赠予，实际上是供人家挥霍的喂食，而且遥遥无尽期，总是吃不饱，再多也是少。要是在人生观、价值观上好好培育，除草，驱虫，施肥，灌溉，“种心”也就收获了“心正”。这样的收成，再少也是多，况且得一心安。这乃是无上的多，无边的善。

这属于规劝，轻风细雨，声音是柔和、温软的。当然也有高亢的。

“能为世不可少之人，敢做人不能做之事，庶几不虚此生。”这是金井镇西“蔡连环宅”门前的一则家训。多么豪迈，多么响亮，是喊出来的。去闯吧，去干吧，去搏击，去搏斗，生命长度是没法把控的，那就尽量延伸生命的宽度吧。

在晋江，读读这些家训，想想此中深意，是有瘾的。因为厚，因为浓，因为醇。

这些打眼的句子，其实都在指向一个为人之本、处事之本，探求终极意义上的秘密。

“本之书求质，本之诗求恒，本之礼求宜，本之易求勤。”旅菲华侨陈永福在金井镇古安村建有永福楼，门前亮出这么一则家训，说的是读书要从“本”上深究，得出的结论都是干货：《尚书》

的本是质朴，《诗经》的本是恒远，《周礼》的本是适宜，《易经》的本是辛勤。是否精准到位另说，但读书的认真劲儿则是毋庸置疑的。先是贯通其中，上下求索，就像孙悟空钻进铁扇公主的肚子里，闹一个天翻地覆。进而跳脱出来，站在高岗上，将这些纸张和文字俯瞰，知其然，更知其所以然，爬梳出书里到底说了什么，得其核，或者说，精髓。

还是古安村，有一幢老房子，年久失修，有些破败。但门前镌刻的文字，还是清晰可辨，跨越时空的阻隔，释放着精神的亮光："事事培元气，其人常寿；念念存本心，厥后必昌。"元气是人之气血之本，是通过血液在身体各部位游走的一股力。过多搅和，就乱了；过多耗损，就弱了；过多烦扰，就虚了。遇事唯有心平气和，卸下情绪爆发瞬间的狰狞面具，驱赶走骨头碰骨头的火药味儿，以礼相待，友好相处，将之安顿在一个恰切的位置上，博得一个身心舒畅，岁月年轮在血肉身躯上的印痕也就随之冲淡了一些。养育了元气，再存乎本心，不忘来时路，不忘人之为人的一系列质的规定性，走在阳光下，天黑也不怯，清爽，利落，受赠一个"昌"字，好生快意。

进入宽裕型发展阶段的晋江，不时流露出"昌盛"的气象。这里的现代气息洋洋洒洒。星级酒店，购物商城，大型广场，一片都市繁华。但在某个角落，这些看似有些陈旧、高古的劝世之言与警世之言，还在流动着它们的美丽光泽。

是叮咛，是召唤，是期许，是自省，是公告。像是立起一面面精神的镜子，自己经常照一照，看看是进了一步还是退了一截；也敦促后代注重心灵的仪表，善待自己的一言一行；也是以家族的名义向社会公开承诺，让乡亲邻里知悉这家人到底有个什么愿景，以求完善人格。

晋江将这些“家训”搜集起来，以书法作品的形式，在五店市传统街区“布政衙”设立“晋江家训馆”，将晋江人传统的家庭观、社会观、文化观和盘托出，供人品咂，更是为了引人深思。继而出版读物，对这些“家训”一一释读，以求让其中富含的传统智慧“飞入寻常百姓家”。

这么一来，“家训”也就拓宽了适用范围，成为公共资源，落定在当代的每一个晋江人身上，也作用于在无穷远方读到这些闪亮句子的人们。

姑苏文脉　春意常在

烟雨江南，春天的芬芳在清新的空气中荡漾。

2018 年的仲春时节，《苏州市江南水乡古镇保护办法》正式实施。该办法明确规定，江南水乡古镇的保护对象涉及整体空间环境，河湖水系，历史建筑、传统民居、桥梁、廊棚、驳岸、水埠、古井等建（构）筑物，古树名木，民风民俗、传统戏曲、传统技艺等非物质文化遗产，历史地名、方言、老字号等。

“就是要从点、线、面上对古镇进行完整性的保护。”江苏省苏州市文广新局文物处处长谢晓婷说。

除了古镇，园林是姑苏文脉的另一个集大成者。位于苏州市人民路一条小巷里的曲园，生机勃发，幽静如初。这是一座书斋园林，原主人名叫俞樾。一亭一廊，一山一石，都浸染着这位晚清宿儒的精神气息。当年俞樾讲学和会客的厅堂，唤名“春在堂”，出自他的诗句“花落春仍在”。也就是这个“春在堂”，似乎给苏州这方水土定下了一个基调，成为嵌入城市发展肌理的一枚耀眼标识。

迎着新时代的浩荡春风，有着 2500 多年历史积淀的古城苏州，依然吟唱着热情洋溢的“春之歌”，而对城市传统文化的传承与创新，是这首“春之歌”里的华彩乐章。

一

突出“细”的风格

精细，或许是苏州的最大秉性。

由阳澄湖边黄泥黏土制成的砖，被称为“金砖”，而且还有着“方正古朴、色泽青黛、光可鉴人、质地细密、断之无孔、坚硬如铁、其声如磬、声震而清”的特点，个中原因就在于制作工艺上追求极致。

掘、运、晒、椎、舂、磨、筛、澄、滤、晾、晞、勒、踏……苏州御窑金砖制作技艺第六代传承人金瑾说，制作御窑金砖，需要经过取土、练泥、制坯、焙烧和窨水等 29 道工序。

一块砖上的动静，与一缕丝上的乾坤异曲同工。

高级工艺美术师马惠娟精通缂丝工艺。据她介绍，缂丝是以桑蚕丝为原料，采用“通经断纬、生经熟纬、细经粗纬、白经彩纬、直经曲纬”的独特技法，织出图案和花纹，“属于纯手工制作，织成后双面效果完全相同，所以有‘一寸缂丝一寸金’的说法”。

作为“宋锦”和“漳缎”两项传统丝织技艺的非遗传承保护单位，苏州丝绸博物馆设有国家文物局批准成立的“中国丝绸织绣文物复制中心”，在丝绸文物复制、修复领域是块金字招牌。

“对丝绸文物进行复制，不仅要还原它的形，还要抓住它的神。从事这项工作，只能是细之又细、慎之又慎。人一旦走神儿，文物的神也就跑了。”苏州丝绸修复专家王晨说。

一切都要凝结到一个“磨”字上。例如昆曲，历经打磨，终成新腔，因曲调幽雅婉转，唱词典雅华丽，追求水磨糯米粉一样的细腻软糯，也被称为“水磨腔”。一秒一秒地磨，一寸一寸地磨，磨时间，磨精力，磨脾性，苏州最终磨出了光华，磨出了色泽，磨出一个“苏作天工”，磨出一个联合国教科文组织授予的“手工艺与民间艺术之都”荣誉称号。

传统文化中“细”的风格、“磨”的能耐，现在的苏州人照单全收，并且融入城市管理的各个方面，把“工匠精神”与“绣花功夫”全方位地发扬。

工作方式实打实，工作部署也不务虚。2018 年春节前夕，苏州市正式印发《勇当“两个标杆”落实“四个突出”建设“四个名城”十二项三年行动计划（2018—2020 年）》，涵盖了产业、科技、文化、教育、卫生、生态、交通等 12 个方面，实施重点任务共计510项，并且列出了任务分解表，按每个年度细化任务完成进度，明确责任单位。

“天下大事，必作于细。”现在的苏州，依然是这则箴言的一个有力注脚。

二

挖掘“深”的魅力

姑苏文化的厚重与深邃，令人着迷。

苏式砖雕，乍看起来，不过是营建古典园林与深宅大院的装饰品。哪知道，这里别有洞天。

“直谅多闻”“藻耀高翔”“师俭可久”……苏州砖雕博物馆馆长孟强说，除了“福、禄、寿、喜”等吉祥文字外，苏式砖雕还时常出现此类词句，摒弃复杂的衬底纹样，洋溢着秀丽儒雅的书卷气。

古代宅第的大门一般朝南，而苏州砖雕门楼往往安置在大门进口的背面即北面，是藏着的，外人轻易看不见。“这是为了陶冶情操、向内用力，彰显出一种文化姿态与生活立场。”孟强说。

由浅层进入深层勘探，苏州传承优秀传统文化，不是走马观花式的“到此一游”，而是往深处走。

桃花坞木版年画是国家级非物质文化遗产。苏州市公共文化中心主任曹俊明白，清代雍正、乾隆年间的“姑苏版”极为珍贵，他们几经波折，尝遍艰辛，最终使流落在法国、日本等国家和地区的“姑苏版”归来。

“桃花坞木版年画不仅仅是一种‘考究日用’之物，更可以置于艺术学、历史学、人类学、经济学和社会学的宏观视野来审视。”曹俊期待桃花坞木版年画的研究可以“拨开云雾见青天”。

苏州芭蕾舞团则将目光聚焦在一个人身上，希望驱散他周边的迷雾。

“唐伯虎点秋香”的故事，几乎将苏州人唐寅的形象定格了——才华卓绝、率真任性、诗酒风流，是一个脸谱化、娱乐化的历史人物。苏州芭蕾舞团则走入了唐寅的精神世界，感悟他功名蹭蹬的坎坷人生。2018 年 4 月 21 日，民族芭蕾舞剧《唐寅》亮相国家大剧院。

“《唐寅》创意之初，有人建议做一个舞蹈版的‘唐伯虎点秋香’，这样有利于市场推广。也有人建议，运用唐寅的诗、书、画做一部舞蹈诗。但我们最终还是决定呈现唐寅潇洒外表之下隐藏着的一个复杂、矛盾、纠结的内心世界。”苏州芭蕾舞团艺术总监李莹说。

如果说芭蕾舞剧《唐寅》是脚尖上的“思索”，那么高级工艺美术师钟锦德则专注于“双手”的张力。

他主攻紫檀雕刻，创作了以手为主题的系列作品，“手是可以说话的，而且手语是一种美的表达，可以赋予普通材质以生命的价值”。其中一件作品是双手正在奋力从球体的内部朝外探出来。钟锦德说，这是受了毛泽东早期文章《心之力》的启发，试图传达出要挣脱旧束缚、开辟新天地的内涵。

在他的工作台上，摆放着两本书，分别是《敦煌手姿——敦煌高昌古格手姿白描600例》《丝绸之路：一部全新的世界史》。身为工艺美术师，他时常静坐在一个角落里，手握一把刻刀，面对一块木头，心中装着“远方”。

三

激发“活”的生机

“尝谓今人纂辑之书，正如今人之铸钱。古人采铜于山，今人则买旧钱，名之曰废铜，以充铸而已。所铸之钱既已粗恶，而又将古人传世之宝舂剉碎散，不存于后，岂不两失之乎！”从苏州昆山千灯镇一路走来的明末清初思想家顾炎武，以铜钱为喻，讲述自己信奉的学术之道。

其实，旧钱铸钱不如采铜于山，这个道理具有普遍性。以文化传承而言，切忌只是为了传承而传承，必须往前一步，给“旧”肌体注入“活”血液，“推进优秀传统文化创造性转化、创新性发展”。

小桥流水，老屋古樟，“中国历史文化名村”苏州市吴中区金庭镇明月湾是个品味乡愁的好去处。古镇上的邓家祠堂，几经修复，终于有模有样，但略显空旷。于是，苏州人把河南人暴式昭“请”了进来，给这位清代光绪年间在苏州府太湖厅西山角头巡检司任职的“九品芝麻官”建了个纪念馆。

“暴方子先生，这个最小的官，却傻心眼儿，偏好事好出主意。丢了官没钱搬家，更没米做饭，老百姓上万家人，给担柴送米。上司训斥，说老百姓受他讹诈，他却说：傻心眼儿的人有傻报。这幅图这卷诗只说了一句话：傻心眼儿的老百姓才真公道。”这是朱自清对《林屋山民送米图卷子》的题咏。

“官九品，人一品。”暴式昭的故事，借着这个廉政教育基地广为传颂。古镇的老房子也通过良性开发得以保护。

再怎么保护，也要经历风浪，关键是要有定力，立得住、行得稳。

昆曲享有“百戏之祖”的美誉，却也遭遇过落魄时分，“咿咿呀呀，鸡鸭鱼肉”，曾经成为私下不怀好意的戏谑。在苏州昆剧院原院长蔡少华看来，“青春版”《牡丹亭》，是昆曲发展进程中的一个标杆，“白先勇先生对剧本进行改编，在造型设计上追求时尚美，在演出上力求凸显青春朝气，这些都是它成为现象级作品的重要原因”。

“活”起来了，也就“火”起来了。在现场让耳朵享受一番昆腔的柔软，成为不少人到苏州一游的标配。“昆曲为在校学生公益演出普及工程”启动已经11年了，“可以说，在苏州，几乎每所学校都有自己的‘杜丽娘’与‘柳梦梅’”。蔡少华表示。

以昆曲为龙头，推进文化传承、文化共享、以文化人，苏州在下一盘很大的棋。

2018年4月10日，“校园传承版”《牡丹亭》进驻北京大学百周年纪念讲堂。“传承版”以苏州昆剧院“青春版”为蓝本，聘请“青春版”主要创作团队和表演团队进行艺术指导。经过两轮人才选拔，来自北京大学、清华大学、北京师范大学等16所高校和 1 所中学的 24 名演员、14 名演奏员，扛起了整部大戏。

“这些在校学生并不是昆剧表演、演奏专业的，他们乐于感受、亲近昆曲，想来都是一件很美好的事。”蔡少华说。

美好的事，总是令人留恋。2018 年央视元宵晚会，苏州评弹和陕北说书联袂演出的曲艺节目《看今朝》，让不少人“惊”着了。江南水乡的吴侬软语，黄土高原的高亢豪迈，一南一北，一柔一刚，都有着特色鲜明的艺术个性，但精心调和后竟相映生辉。

“这种南北对话的形式，拓宽了我们的视野和思路，把不可能变成了可能，激发了我们加大改革发展的力度，吸引更多的年轻观众，让他们深入了解、探究、传承我们的优秀传统文化。”领衔出演这个节目的评弹表演艺术家盛小云如是说。

让年轻人来亲近，是为了避免传统文化元素成为“盆景”。在苏州，盆景是一道风景，但苏州拒绝“盆景思维”，而是用心地灌溉、施肥、修剪、培育，让传统文脉始终保持拔节生长、生发新枝的姿态。

“太湖澄澈桃花碧，美醉了一条条小巷、一片片帆……小镇秀入画，碧水亲蓝天，环保重生态，数据城乡连。姑苏自古富庶地，江南永远是春天。”《看今朝》以春风般的动听旋律，吟唱着姑苏文脉的春意常在。

常熟：文化传承　成熟质地

1269年出生的黄公望、1926年出生的戴逸、2004年出生的陈依妙，都在家乡江苏常熟受到特别的礼遇。

在常熟市文艺交流中心举行的2019年“启·承”元四家故里美术精品展，旨在纪念黄公望750周年诞辰。位居“元四家”之冠的他，笔下的泼墨山水携带着故乡虞山的神韵，呈现出“气清质实，骨苍神腴”的艺术风格，业已成为一笔丰厚的文化遗产。

距离这里六七分钟车程的常熟市图书馆南广场，2019年10月底举行了戴逸学术馆开馆典礼。这一年，93岁高龄的戴逸，依然担任国家清史编纂委员会主任。他早就希望建立一个南方清史学术研究基地。家乡常熟听到了他的心声，要让他的梦想落地。中国艺术研究院终身研究员刘梦溪说，常熟是一个文化之地。戴逸学术馆的落成，使这里又增添了一个新的文化事件，对今后常熟文化研究的展开、历史文化的传播将发挥重要作用。

戴逸学术馆五公里开外的常熟大剧院，是陈依妙刚刚登台表演二胡曲目《战马奔腾》《太极琴侠》的地方。这位当时15岁的常熟姑娘，出身于民乐世家。她说有一次通过侧幕看到爷爷陈耀星和父亲陈军的现场演出，“觉得他们特别酷”，于是也痴迷上了二胡这门乐器，并学有所成，获得2019年中国器乐电视大赛“职业少年拉弦乐组”第一名。如今在北京生活的她，每当听见那句响亮的“江南福地，常来常熟”，都心怀亲切与欢喜。

750、93、15，普通的三个数字，看似毫无关联，却在此时此刻的常熟生发出奇妙的化学反应，升腾起如流水般绵延不绝的文化之光。

在常熟，文化是有形的，也是无形的；是久远的历史回响，也是当下的才思迸发；是倍加精心呵护的遗产，也是可亲近可触摸的日常。

十九届四中全会通过的《决定》中明确要求，在坚持“二为”方向、“双百”方针的基础上，“坚持创造性转化、创新性发展”，着力“推进中华优秀传统文化传承发展工程”。常熟人深知这些重大部署的意义和分量。新时代，常熟将文化传承这篇大文章写好写深入，又立足时代需求，激活优秀传统文化的内在魅力，古树发新枝，熠熠自生辉，从而让常熟在文化传承上彰显出成熟质地，进而使之成为感知、体悟江南文脉的一个重要支点，甚至是中华文脉留给当代的一个美丽剪影。

一

“熟贵用心”：守护文脉时有着“茅屋犹存万卷书”的自信与决绝

常熟有书香。

中国藏书史积淀深厚，如果按照地域划分，其中必有属于常熟的一个章节。

常熟理工学院研究馆员、藏书文化研究者曹培根的统计显示，有明一代，常熟的藏书家达到150多人，明清两代将近300人，而当时全国藏书家总数不过三千。

“盛矣哉！以一邑之收藏，为中原之甲秀。”清代学者叶德辉在《常熟顾氏小石山房佚存书目》序言中发出由衷赞叹。

图书馆学家袁同礼拟定的关键词为“雄视”。他在《明代私家藏书概略》中写道：“万历以后私家藏书，当以海虞为最盛。赵琦美之脉望馆、钱谦益之绛云楼，以及毛晋之汲古阁，均以藏书雄视于东南。”这里的“海虞”，是常熟的旧称。

家族藏书、父子藏书、兄弟藏书、夫妻藏书、个人藏书……与书有关的故事在常熟这方水土轮番上演，一幕又一幕。

传说有一类虫子，喜好在书林中遍寻“神仙”二字。觅得一次，就吃下。连续吃三回，就进阶了，化为“脉望”。在明代，常熟人赵琦美对“脉望”二字情有独钟，于是把父亲赵用贤的藏书楼“松石斋”径直更名为“脉望馆”，以明示自己对书香的青睐与喜爱。

脉望馆的藏书价值几何？

抗战期间，立志抢救古籍于滔天战火的郑振铎，偶见一部由“清常道人”手抄编定的元明杂剧，顿感意义非凡。几经波折，软磨硬泡，最终捧在手心，呈献国家。此前，传世的元代杂剧不过百种，而这部《古今杂剧》收录元明杂剧达 242 部，近乎一半是湮没了几百年的孤本。郑振铎不禁欢呼这是“仅次于敦煌石室与西陲的汉简的出世的”。

“清常道人”恰是赵琦美的自号。

如今，赵琦美父亲赵用贤的宅子保存完好。位于常熟城西南赵弄的这座三进的木质建筑，2006 年被列入第六批全国重点文物保护单位。这里设有简易的陈列，记述着脉望馆的今昔与脉络。门口柱子左右，悬挂着这么一副楹联：“一榻春生琴上月，百花香集案头书。”穷尽了文人坐拥书城的诗意生活图景。

楹联的题写者是瞿启甲，铁琴铜剑楼的第四代主人。

因为家中藏有一把唐代古琴和一柄青铜剑，瞿氏家族的后人将藏书楼由之前的“恬裕斋”更名为“铁琴铜剑楼”。这么一改，“掉书袋”的气息不见了，却平添了一股豪气。

瞿氏家族的确心存豪气。

他们藏书，不计成本，不惜代价，精神劲头足，访书的气场阔达，正如他们掷地有声的豪言，“宁舍腴田百十亩，不弃秘籍一两橱”。

他们也读书，以研究者的姿态校对古籍，编订书目，畅游书海，让知识生长，让历史开花，让智慧延续。

他们更护书，太平军围剿清军，进入常熟，挨家挨户搜捕。面对刀枪丛林，眼看一页页承载着历史气息和文明气脉的纸张就要遭遇灭顶之灾，文弱书生瞿秉清挺身而出，振臂一呼：“军中可有读书人否？军中可有读书人否？”让行伍之人亲眼见识了文人的刚。

他们还献书，秉承“藏以致用”的理念，以“学子皆可就读，无使寒素力薄之士抱向隅之憾”为宗旨，心里念着的是“书贵流通，能化身千百，得以家弦户诵，善莫大焉”。

在铁琴铜剑楼，主人的胸膛里时常响起铿锵之声。

新中国成立，瞿氏三兄弟遵照长辈的遗训，将全部收藏无偿捐献给国家。

郑振铎为之震撼，以鸿雁传书，表达敬意：“铁琴铜剑楼藏书，保存五世，历年逾百，实为海内私家藏书中最完整的宝库。先生们化私为公，将尊藏宋元明刊及抄校本捐献中央人民政府，受领之余，感佩莫名。此项爱护文物、信任政府之热忱，当为世界所共见而共仰。”

涓涓流水，千回百转，一路欢歌，终归大海。

位于常熟古里镇的铁琴铜剑楼，历经二百余年的风雨沧桑，依旧巍然独存。按照现在的眼光看，这里的地理位置有些偏僻，空间格局显得狭小，收藏环境过于简易，却在斑驳的光影之间定格一个时代的藏书风云，汇聚一种深厚而高远的“藏书精神”。

这里有两副对子历来广受推崇。一是“独鹤窥朝讲，邻鸡听夜琴”，一是“入我室皆端人正士，升此堂多古画奇书”。题写者均为翁同龢。

在清代，常熟人翁同龢是风云人物。他是政治家，是书法家，也是藏书家。在《虹月归来图记》中，翁同龢概述了长辈“好聚书”的情景，“寒夜篝灯火手自粘补，而吾母加线缉治焉”。但是由于时局动荡，朝不保夕，“一再焚佚，今存者不过十二三耳，故龢于今不忍言藏书”。

“不忍言藏书”的翁同龢，还是以藏书的方式续写着文脉传承的故事。一直以来，对于翁氏藏书，不少人感慨“今皆无尺牍片纸矣”。然而2000年4月，翁同龢五氏孙翁万戈和夫人，从海外携带翁氏精品藏书善本回国，由上海图书馆整体收藏。这批翁氏藏书，共计80种542册，其中8种被定为国宝级文物。

坐落在常熟市翁家巷门2号的翁同龢故居，正厅取名“綵衣堂”。其中堂所配对联温和而有力——“绵世泽莫如为善，振家声还是读书”。

读书这事、藏书这事，在常熟是一场没有接力棒的接力赛。

以藏书、护书、献书为己任的瞿启甲，曾经出任常熟县立图书馆首任馆长。当年他工作的地方，经过改建和修缮，现在是戴逸学术馆。戴逸将之命名为“衣山楼”。

常熟人戴逸总结自己的人生足迹，只是说：“我的一生是读书的一生，笔墨的一生。”

在戴逸学术馆开馆之际，他将自己收藏的15000多册图书捐献出来，让常熟的书香更浓郁、更醇厚。

“德润青史”，这是“人民艺术家”王蒙给戴逸的题词。书画家侯德昌写的是“笔底纵横千篇作，茅屋犹存万卷书”。

从“宁舍腴田百十亩，不弃秘籍一两橱”到“笔底纵横千篇作，茅屋犹存万卷书”，由“自述”而“他评”，时间跨度上百年，彰显出常熟人在文化传承上的用心、自信与决绝。

时常惦念家乡发展变迁的戴逸，曾经思考改革开放以来常熟经济社会发展取得巨大进步的内在动因。最终结论是：“常熟市经济快速增长的重要原因之一，得益于它文化积累的深厚、教育的普及和文明程度的提高。”

常熟的文化积淀，熟透了。

“莫笑耕夫多识字，梁时便有读书台。”这是清代常熟诗人孙原湘为家乡写下的句子。而现在的常熟图书馆内刊，就叫“读书台”，曾经入选2017年度中国图书馆界阅读推广类十佳内刊内报。

《“行有余力则以学文”的“文”是什么意思》《黄公望是否去过武昌和黄州》《寻找灯绳——阅读苏童》《伍尔芙的创作主张》……随手翻读几本《读书台》，从这些文章篇名就大致见出这本刊物的品位。

常熟刚刚开展的“发现身边的图书馆”书香寻访活动，鼓励市民读者关注各自身边的图书馆和图书流通点，体验公共图书异地借还、通借通还的便捷，再随手拍下精彩瞬间。

位于常熟虞山街道环城东路上的虞阅书房，是一个城市公共阅读空间，属于“身边的图书馆”。有读者在卡片上留言道：“此时，我坐在小镇的虞阅书房里，落地大玻璃窗外有密布的树丛，书房里一排一排书寂静地守着，在沙发与沙发之间，流淌着柔和的音乐，谁能不爱这样的时刻呢？”

门外，书房的玻璃橱窗上赫然刻着一行字：立身以立学为先，立学以读书为本。

二

“熟能生俏”：专注于“继旧艺，领新思”，为传统注入一汪活水

创新不忘传承，传承而不守旧。常熟人深谙“以古人之规矩，开自己之生面”的道理，并努力加以践行，让优秀传统文化俏起来、美下去。

凤禧文化艺术中心位于常熟尚湖湖畔，一个古色古香的园林院落。旗袍是这里的主打产业。小型的旗袍博物馆门口，是一则小诗，其中有这么几句，“……度了佳人体 / 却也丈史路 / 阅尽迷醉兴衰 / 了不却匠艺工心 / 继旧艺　领新思 / 呈却今朝新国服”。

常熟“花边”是以西方的蕾丝布艺结合本地雕绣、抽纱等针法发展出的装饰性手工艺。凤禧旗袍致力于让“花边”有新的气象。这里推出一款“乔其书法纹样旗袍礼服”，面料上布满苏东坡的那首“花褪残红青杏小……”，书法飘逸而流畅，文字的顺序已经被打乱，但汉字的形态、大小、深浅经过精细编排，古典的气息洋溢开来，传统纹样在洋洋洒洒的汉字之间散发出雅致光泽。

“笔墨文字本来就很有美感。我们推出这款书法纹样旗袍，把传统文化元素穿在身上，深受市场青睐。这正符合我们的理念，‘民族的就是世界的，民族的才是时尚的’。”公司总经理李晶峰说。

年轻的陈依妙也始终在捕捉传统文化的时尚气息。她在演奏

二胡曲目《战马奔腾》时，被评价为“拉得英武”。她希望用年轻人的活力，让二胡奏响属于时代、属于年轻人的声音，让更多的同龄人更加深入地了解二胡、了解民乐，“希望可以让民乐、国乐成为我们这一代的潮流”。

潮流理当有知识的味道。常熟有一家知识餐厅推出答题环节，如成绩尚可，就餐有折扣。题面五花八门，包括“以下哪道美食属于常熟特产”“马是怎样睡觉的”“清代从摹习古法掌握绘画基本知识的教科书是什么”等。

在这家餐厅，一个“小炒肉套餐饭”，由五花肉、杭椒、东北大米烹制，食材来自各地，于是菜单上配发的是汪曾祺的句子，“四方食事，不过一碗人间烟火”。一个“蚝油生菜”，请出的则是杜甫《立春》中的名句，“春日春盘细生菜，忽忆两京梅发时”。

常熟人似乎对春天怀有浓烈的情感。

2006 年，吴歌被列入首批国家级非物质文化遗产名录，其中就包括常熟白茆山歌。“常熟山上有只花升箩，三岁小囡也会唱山歌。山歌不是爷娘教，自肚聪明自己做。”这里的山歌传唱了几千年。2017 年 10 月，白茆山歌歌手受邀来到北京大学、北京师范大学，动听的歌声赢得师生的阵阵喝彩。

“白茆山歌是民俗学中最美的代表。研究民俗，就要选白茆山歌这样最具魅力的乡野之花作为传统美研究的对象。”北京大学中文系教授金永兵说。

如何让传统的山歌曲调在新时代焕发出新风采？常熟人在摸索。

传统山歌《隔河杨树着根青》，曲调冗长悠远、高亢苍凉，抒发着内心的悲伤，“叫我唱歌就唱歌，唱歌郎肚里苦楚多。六月里太阳似火，背心晒得赤乌焦”。冯云生、乔新谓、毛玉芬等常熟当代音乐人，综合运用现代音乐手段，对这首歌进行改编与创排，使之呈现出新面目："春天太阳暖洋洋，大地滋润禾苗壮。麦苗青青菜花黄，满园春色嗨起来。春耕号子应天响，布谷声声头上叫。绿水青山赛天堂，美丽乡村我家乡……"

"春天山歌"是这首歌的新名字。

黄公望的《富春山居图》，集中而精炼地展现了富春江两岸典型的地形地貌，静中有动，野趣盎然。被烧成两截的这幅画作，历经岁月沉浮，一分为二，藏于浙江省博物馆和台北故宫博物院。2011 年 6 月，分离了 360 年的《剩山图》和《无用师卷》在台北故宫博物院首次聚首，号称"山水合璧"，轰动一时。不过，相聚的时间还是太短暂，引来叹息声声。

常熟素以"红木之乡"闻名，苏式木作成为高雅的象征。常熟市东方红木家具艺术馆馆长姚向东突发奇想：为何不将《富春山居图》以木雕的形式加以还原？

2015 年春天，海峡两岸木雕工艺师联手，开始在上等的花梨木上劳作。20 多名工艺师分别采用透雕、镂雕、阳雕、阴雕等不同手法，化皴为刻，以刀代笔，刀工紧随黄公望的笔锋，将平面的《富春山居图》转化成红木木雕的半立体场景。

红木木雕版《富春山居图》凭借四面平和、优雅沉穆的气质，在大陆和台湾展出时广受关注。"两岸木雕师共同创作木刻版《富春山居图》，进一步让黄公望的经世之作，成为两岸文化交流的引导者。"台湾三义木雕理事长蔡仁福说。

黄公望主题两岸文创设计大赛已经举办多届。观摩以往的获奖作品，发现中华传统文化元素在两岸青年学子的手下被创造性地激活，现代气息迎面而来——

"山·时"时钟以黄公望《溪山雨意图》为造型基础，并借鉴古代日晷的计时特征，以山中缝隙渗透出的光的变化来表现时间的延续；

一组名为“山”的调味罐系列，以调味罐架的把手、罐身和浮雕，分别与黄公望浅绛山水的三要素轮廓、皴法、渲染相对应，述说着深邃而悠远的意境；

虞山蝶椅是一组具有现代感和实用价值的蝴蝶凳，灵感源于中国传统家具“蝶几”中的“开与合”概念，并将常熟虞山的自然形态融入椅子的线条走势之中……

三

“熟在养人”：让“君子学道则爱人”的理念成为风气

虞山东岭有言子墓，周边草木葱翠，乾隆题写的“道启东南”石坊自有威严。

常熟人言偃，字子游，是孔门七十二贤弟子中唯一的南方弟子，在《论语》中时常露面。孔子曾说：“吾门有偃，吾道其南。”而言偃也被誉为“南方夫子”。

“言子不仅深得孔子真传，精于礼乐，更将之付诸现实，是孔子对民众‘道之以德，齐之以礼’为政思想的积极实践者。”苏州大学社会学院教授王卫平说。

《史记》中记载：“子游既已受业，为武城宰。孔子过，闻弦歌之声，孔子莞尔而笑，曰：‘割鸡焉用牛刀。’子游曰：‘昔者偃闻诸夫子曰，君子学道则爱人，小人学道则易使。’孔子曰：‘二三子，偃之言是也，前言戏之耳。’”言子宰治武城时，注重礼乐教化，以致民风大变，境内多闻弦歌之声，百姓安居乐业。

孔子见而乐之，调侃说“割鸡焉用牛刀”。而言子的回答则完全遵循了孔子的教诲，让孔子肃然起敬。

2019 年 9 月 28 日，言子旧宅经过修复正式对外开放，成为展示言子思想底蕴、精神风采、儒学文化的重要场所。常熟在保护言子思想的物理空间，也在拓宽言子思想的精神空间。

出生于常熟市支塘镇的中国科学院院士张青莲，是一位无机化学家。他生前命笔写下文字，回忆童年经历。在家乡读小学时，校长是位秀才，因为“廉明谦和”，为学生所崇敬。而学校的环境清静、优美，“运动场的一边种有四棵整齐挺拔的梧桐树，象征着为人也要那样正直高洁”。

可以说，母校校长的为人风范和家乡四棵梧桐树的身姿，参与了张青莲的人生成长和思想成型。

戴逸也铭记着年少时恩师的教诲。在戴逸学术馆，陈列着他 2010 年 1 月 10 日为老师杨毅庵撰写的墓碑碑文：“……煦煦师长，育吾诸生。尽瘁庠序，黄卷青灯。讲经论史，赋诗作文。桃李芳菲，负笈求问。循循善诱，永忆师恩。”

在学生眼里，幼时的一位好老师犹如一棵大树。当他们成长成熟，就自觉地扛起属于自己的责任。

2019 年 9 月 20 日，“脊梁——庞薰琹的艺术强国之路”展览在常熟美术馆开幕。虞山脚下出生的庞薰琹，从东方走向西方，又从西方回到东方，艺术之路实现“为艺术而艺术”向“为人民而艺术”的转变。

“美术也须从象牙之塔中走出来，走上十字街头……搞绘画只顾到表现个性，没有什么意思；做一个艺术家是应该有个性，但是表现个性不是目的，不是为了表现个性而表现个性。”在庞薰琹看来，表现个性之外，还有更为根本的存在。

家乡正给他办的盛大展览，有一部分内容是他到贵州80多个苗族、布依族村寨进行实地调查的成果。在他的画笔下，这些民族地区的风情、习俗和少数民族同胞的神采，都显得朴实而亲切。

庞薰琹说，在描画民族服饰时，自己尽量保留它们的本来面目。这样一来多少束缚了自己的手脚，有时还不免失去画面的活泼，但他依然坚持，“研究少数民族的民族艺术传统，必须采取严肃的态度，不是用那种猎奇的眼光。……少数民族都比较单纯、善良，内心是美的，我们应该看到这种内在的美”。

常熟人就善于发掘和呈现一种“内在的美”。

2019年4月27日，常熟多个部门联手，为散文诗歌集《寒窗孤梦》举行首发式。这本新著的作者高淳，出生于1984年，自小患有先天性肌弛症，行动受到严重阻碍。但他用唯一能动的右手食指控制鼠标，进行文学创作，字数已经超过340万字。

《人民文学》杂志编辑、文学博士刘汀点评道，《寒窗孤梦》从最真切的生命体验出发，写出了作家对生活、苦难和爱的独特感知，朴素而深情，诚实而动人，是在孤独中开出的文学之花。

“好书就像一颗颗闪耀在黑暗中的明星，它们能给失望的人们带去点点亮光，让美好的希望撒遍江河大地。提倡全民阅读，就是为了让人人心中留有思想的火种，存在美好的希望。”高淳说。

画家姚新峰也致力于寻觅江河大地“内在的美”。他的“河口系列”，从自己熟悉的生活场景入手，带着感情去表现“吾土吾民”。他生活的常熟市海虞镇，曾经有不少渔村。他经常跟渔民打成一片，感受他们的日常点滴。

在渔民那里，姚新峰从陌生人变为“姚老师”，继而又成为“老姚”。有时他们拎出几条鱼让老姚带回家。不抽烟的老姚就把平时喝喜酒的烟留下，找个空当递给刚刚把渔船靠岸的小王、老张。

姚新峰时不时把自己的画给渔民兄弟看看。他们都乐了：画的不就是眼前的这个景吗？就这么一个景，画到画上怎么那么好看！再好好看看这个景，还别说，的确挺好看！

令姚新峰感到欣慰的是，他通过自己的作品，完成了一次“美育”。

“姚新峰把养育他的故乡当成艺术创作的根源，他用心观察，透过那些日常生活琐事，挖掘、发现人间的美好，让观赏者产生思想和情感共鸣并获得审美享受。”南京师范大学美术学院教授左庄伟说。

位于常熟昆承湖西路的中国常熟世界联合学院，鼓励来自全球上百个国家的学生养成用心观察的习惯。他们都要参加“知行”项目，通过课外活动在实践中构建对自我和世界的认知，培养服务精神和成长心态。

2018年9月，虞山书院在这里揭牌，始建于元代的“文学书院”再度重生。书院设立设计创新中心和中国项目中心。后者旨在把中华优秀传统文化的种子撒向全校师生的心田。

书院面积总计3800平方米，为典型的江南水乡民居建筑，粉墙黛瓦，兼具庭院、水榭、亭台等苏式园林传统建筑元素。来自世界各地的年轻人在这里探究未来的秘密和人生的哲理。恰如2018届学生聂蕴哲所说，学校的氛围让他在世界文化潮流与中华血脉之间找寻自我。

举头望，聂蕴哲学弟学妹们身处的所在，要么是听风亭、观澜亭，要么是瑞莲堂、问津堂、智贤厅。

“学术正人心自淑，教化行风俗斯美。”这是学道堂门口以篆书写就的楹联，可视为常熟在文化传承上的一个总括、一个昭示。

织里织里，桥上的风景

浙江省湖州市区有个项王公园，里边立着西楚霸王跨马的塑像。只见项羽神色刚毅，骏马腾空而起，天地之间，有风呼啸。

30公里开外的湖州市吴兴区织里镇乔溇村，有一座古桥。它的始建年代已不可考，但明清的志书均有记载。时光的冲刷，使之纹理间布满如尘的沧桑。不过东侧的这副楹联，立马拉升了桥的“格”——

“桥号项王，率卒经过有项羽；石工张文，命徒造筑是张斑”。

这座古桥，被冠名为“项王塘桥”。

宁愿相信，这个毫不犹豫把自己跟项羽相提并论的石工张文，就是土生土长的织里人。

就是凭着这么一股豪气，织里人日夜兼程，在自家这个有名的“桥乡”往来穿梭，用汗水将心底的梦想之花灌溉、培育，装点美好新生活。

就是凭着这么一股豪气，在区域面积90平方公里的土地上，织里人硬是安顿好了35万外来人口，硬是在2017年奉献了14.8亿元的财政收入。

就是凭着这么一股豪气，织里人向外看，向高处看，向远处看。位于太湖南岸的织里，遍布的古桥多姿多彩，风景惹人醉。而更大的世界，也绽放着这个东方小镇的风华与荣光。

一

站在桥上眺望，织里人触摸亮光

“远看城郭里，全在水云中。”唐代诗人郑谷落笔轻盈，咏叹的就是织里所在的湖州城。

这里是水的主场。青绿大地湿漉漉的，即便晴空万里，也笼着一层薄薄的轻纱，生发出清幽的诗意之美。

但是，这片“水云乡”，并非“温柔乡”。织里人放弃沉湎于中的心态，抽身而出。他们似乎天生就有一个信念，那就是往外走。

明清以前，织里是个村落。然而，村落也有村落的能耐。历经光阴的雕琢，织里成为汇聚刺绣、造船、刻印书、贩书业等各类行当的集镇。

就拿贩书业来说，这里是江南贩书船的原生地。《湖录》清晰记载：“书船出乌程织里及郑港、谈港诸村落……旧家子弟好事者，往往以秘册镂刻流传。于是织里诸村民，以此网利，购书于船。”然后呢，就开始走南闯北了，“南至钱塘，东抵松江，北达京口”。

据浙江省社科院历史研究所原所长陈学文考证，织里的贩书船还把刻印的书籍销往常州毛晋的汲古阁。毛晋，何许人也？明末藏书家，自家藏书八万四千余册，多为宋、元刻本。

“能赢得毛晋的青睐，谈何容易！这反映出织里刻书业的地位，也足以表明织里人的聪明才智。”陈学文评价道。

一心往外走的冲动，在织里人的血液里沉淀了下来。

40 多年前，由于大环境的制约和禁锢，织里人伸展不开拳脚。

可以设想，他们是多么的急切。属于这个小镇交通要道的一座座古桥，镌刻下了他们驻足眺望的目光。

在桥上，织里人观察自然风雨的动向。

“开门雨，饭前雨；关门雨，一夜雨；饭饱雨，没药医。”这则当地流行的谚语，说的是清早下雨到中午就会停，傍晚下雨要下一整夜的，中午时分下雨一时半会儿止不住。

在桥上，织里人也观察时代风云的走向。

20 世纪 70 年代末，冰封的大地有了松动的迹象。织里人有着灵敏的感应，在层层乌云之中看见了亮光。一座座古桥，不再是驻足观望的所在，而是走向新生的津梁。

“有浪即山高，无风还练静。秋宵谁与期，月华三万顷。”这是范仲淹笔下的太湖。世居太湖之畔的织里人，身上沾染着太湖的气象。

那时，以轧村村民为代表的织里人，开始偷偷地摆弄家用缝纫机，办起了家庭作坊，制作出枕套、被套、绣片等产品。一条扁担，两只箩筐，织里人迎着晨曦，步履匆匆，往外闯。

整个过程，轻声细语，不敢声张。这条路，不好走。有织里人在外地被拿住了，包裹也被没收，还被扣上“长途贩运”的帽子。

外面的世界不接纳，自家后院也不安宁。由于私自加工生产，缝纫机也被贴上了封条。

然而，用织里人的话说，太湖的萝卜，岂能吃一节剥一节？

这毕竟是一个“有浪即山高”的时代。织里人没有被暂时的困境所侵扰，而是顺着时代大潮，激荡起阵阵涟漪。

市场之门是那么陌生，织里人摸索着靠近。“一根扁担挑着胆量与命运，两只布包装满希望与憧憬。北上那长城内外王府井，南下那深圳特区椰树林，沙漠盆地留过足印，都市边境回响乡音。”

歌曲《走南闯北织里人》，勾勒出织里人在改革开放时代奋发的足迹。

“用我们的双手双脚和双肩，托起文明的织里商城。”为了生活的美好，织里人勇敢闯天涯。

先是出售枕套、被套，后来转向服装，跟这个领域有关的都要试一试，“眉毛胡子一把抓”。继而发现童装市场大有可为。织里人的目光越来越聚焦，心思越来越集中，童装成了织里的标签。

你也童装，我也童装，织里人在全国各地卖童装。这儿是织里童装，那儿也是织里童装。说童装，看童装，做童装，请到织里来。

织里人的天地一下子就敞亮了。

往外走的织里人，往回走时身后跟着一群人。人集聚了，产业规模上来了，城的格局也就有了。“中国童装之都”的桂冠，就戴在了织里这座小镇的头顶上。

童装是织里的一张王牌，而织里手中不只有这张牌。这里还是“中国品牌羊绒名镇”，拥有珍贝、米皇、帕罗三大品牌。这里是“全国产业集群区域品牌建设试点地区”，还入选国家第三批新型城镇化试点。

织里织里，一片光芒大地。

要说织里，没有得天独厚的自然资源，也没有临近超大城市的区位优势，没有高新技术作依托，也没有国外大规模投资的拉动，但织里就是亮堂堂地站起来了。

织里何以成为织里？用织里书画家许羽的话说，“几乎没看懂”。

他记得那时从外地回到家，已经是后半夜了。邻居家是做衣服的，缝纫机还在转，灯还亮着，女主人忙碌的身影虽然单薄却有力量。哪知道，东方欲晓，女主人就起床梳妆完毕，竟然亮闪闪地拎着菜篮子上街了。

几乎看不懂的还有一个电话本。

在浙江振兴阿祥集团有限公司董事长潘阿祥眼里，这可是一个宝贝。不过在外人看来，电话本的品相有点奇怪，上边的字迹歪歪扭扭，有数字，有图画，拼贴在一起，像一组组神秘莫测的代码。

或许只有潘阿祥能够破解此中的秘密：“烟囱”指代分管工业的领导，“汽车”对应的是交通局，“绵羊”代表的是一位姓杨的朋友……

不识字的潘阿祥自创了这套“象形文字”，与这个世界保持联系。

没有书本知识，但有实践经验，还有一颗进取的心。

潘阿祥喜欢听广播、看电视，大量的信息在他的脑海里碰撞，加上年轻时四处推销绣花枕头积累起来的市场意识，让他的生意顺风顺水。“我的脑袋里有市场，人家的脑袋里有文化。两个脑袋加在一起，不就成了？”

道理朴素、平实，却道出了织里人开阔的胸襟。

“能吃苦，有韧性，脑子活，有办法，这就是织里人。”织里镇文化站原站长徐世尧总结道。

邱金元是湖州珍贝羊绒制品有限公司的掌门人。公司在新疆和内蒙古设有羊毛收购基地。他曾经每年都要到基地工作四五个月，为原料质量把关。羊毛掺杂着尘土和麸皮，闻起来很冲。邱金元从早上六点半干到晚上十点，乐此不疲，顾不得浑身上下如柳絮般茫茫一片。

“志向是生命的风帆，知识是事业的基础，勤奋是成功的钥匙。”这是今童王服饰有限公司董事长濮新泉的座右铭。

撸起袖子加油干。织里人有着天然的自觉。

幸福都是奋斗出来的。织里人早就有了体认。

“九曲南来，浪透龙门三汲；五湖北控，云连虹彩千层。”这是织里镇晟舍塘桥上的楹联句子，跟意气风发的织里人一样，主打的就是一个气势恢宏。

不过，往前走的路并非一马平川。阵痛袭来，让织里处在一个紧急关口。

2006年9月14日和10月21日，这两个日子，对于织里人来说，是两个隐隐作痛的伤疤。织里镇连续两次发生重大火灾，多人伤亡。

当时的童装产业，家庭式作坊还占据一定比例。一栋普通的房子，一楼是店铺，二楼是厂房，三楼是宿舍，俗称“三合一”。两场火灾，让安全隐患露出狰狞的面目。

无情的火光，犹如一记重拳，击打在织里人的心坎上。

对童装这个产业要不要干脆来一个“壮士断腕”？织里的未来，路在何方？有犹豫，有观望。

不磨不练，不成好汉。织里人，是“行动派”。

一场消防安全整治行动拉开帷幕。他们将住宿和生产实现水平隔离，并在楼房外部修建消防连廊和逃生梯，基本解决了这种厂房带来的火灾隐患。

思路清晰，行动坚决，摇晃了一下的织里，又稳稳地立住了，并着手开辟新的领地。

如今，织里镇年产各类童装13亿件（套），年销售额超500亿元，占据国内童装市场的半壁江山。

这边传统产业风风火火，那边新兴产业有条不紊。

沈新芳、沈晓宇父子曾经专注于针织服装产业，主攻羊毛衫。偶然的契机，沈晓宇接触了超微细合金线材，被这个富有“智造”

色彩的新事物吸引住了，当即生发出创业的冲动。

沈新芳有过犹豫，最终还是依从了儿子的判断，在织里成立浙江东尼电子股份有限公司。

这个合金线材，广泛应用于消费电子、新能源汽车和智能机器人等领域，人家生产的是 0.1 毫米，东尼生产的是 0.06 毫米。

“智能制造与云端技术是推动电子制造业转型升级的关键，这也是东尼电子正在努力突破的。”沈新芳说。

2017 年 7 月在上交所鸣锣上市的东尼电子，英文名为“Tony”。每说一声“Tony”，沈新芳的嘴角就扬起一丝笑意。

发展出题目，改革做文章。题目一个接着一个，织里人见招拆招。文章一篇续上一篇，织里人洋洋洒洒。于是，吃改革饭长大的织里活力充沛，还在生长。

二

架起无形的桥，织里通达四方

“小马拉大车”，说的是城市建设规模铺开了，但管理和服务水平跟不上，二者不匹配。“小马”累得够呛，“大车”运转也是举步维艰。

在织里，这个问题被本土化了，大家戏称是“大人穿童鞋”。

身边纵横密布的桥，给织里人以灵感。他们架起无形的桥，让“小马”壮起来，让“童鞋”宽起来。

既然一个镇有一座城的样子，那就在既定政策允许的前提下，赋予这个镇一个城的配置。织里组建 4 个二级街道和 2 个办事处，负责人由镇班子成员担任，他们领着 600 多名乡镇工作人员下沉到一线，有公安的，有城建的，有消防的，就地化解矛盾纠纷，基本消除城市管理盲区。

在织里住家的，服务上门到家里；在织里开店的，服务上门到店里；在织里工作、生活的，优质服务到心里。

“为您服务”是王金法广播的一个宗旨。这个广播是织里一座历久弥新的“桥”。

1948 年出生的王金法，广播一响，就是四五十个年头。每天早上 5 点，起床；6 点，现身工作室；6 点半，收听新闻节目，看报；7 点，王金法广播开始了；11 点，临近饭点，王金法广播又开张了；17 点，下班时刻，王金法广播再度送上问候。

王金法广播是不念稿子的。你给他一个麦克风，他给你一个全世界，“我是上讲天文地理，下讲鸡毛蒜皮”，说起话来笑盈盈、中气足。

听说有客人来，他到楼下相迎。进了工作室，只见各个角落都是齐整、妥帖的。地上有个纸屑，他顺手拿起了扫帚。

这是一个对自己有要求的人。他看书看报看电视，遴选出有用的信息，逮空还跑茶馆、上小店、逛公园、蹲桥头，听听老百姓有一句没一句的，都在议论什么。

有字之书、无字之书他都读过。于是，坐到麦克风前，他有底气，操着乡音，不慌不忙，向织里人讲事理、说道理、传真理。

他告诉农民兄弟，施肥不要以为多就是好，肥料太足，水稻遭殃，表现是“割割软疲疲、挑挑轻飘飘、扬扬飞出去、轧米半粒稀、烧饭烧毋起、吃吃不舒服”。

农民兄弟告诉他，家里 70 多岁的老人早上骑着三轮车出门了，天擦黑也不见踪影。他赶紧发布广播找人信息。于是，整个织里都在寻找“三轮车老人”。晚上 10 点，终于有了平安的消息。

他跟织里人说，文明承载千年梦，生态点亮一个镇。“遍地是黄金，遍地是垃圾”，这样的帽子扣在你头上，感觉是不是不太好？

织里人跟他说：“听听王金法，知晓全天下。”

“有好几回，王金法广播响了，我正好在路上，就停下来，听完了再走。”织里镇伍浦村村民宋松元说。

要有一张能说会道的“黄鹂嘴”，也要有两条不辞辛劳的“蚂蚁腿”，这是王金法从事群众工作的经验之谈。“黄鹂嘴”“蚂蚁腿”，最终打出的还是一张“感情牌”。

织里的“平安大姐”，也是通过情感通道，在人与人之间架起一座桥。

来自辽宁鞍山的徐维丽，在织里生活了十六七年。之前一直在这片土地上低头做生意，口袋也富了，抬头看，心想应该为自己的第二故乡做点什么。

她发现，人跟人起争执很正常，恼的是没有台阶下，气出不来，芝麻大的事结果成了西瓜大，甚至酿成事故。她觉得自己可以成为这个“台阶”。2015 年 12 月 24 日，她发起成立“平安大姐社会工作室”。

从这天起，在织里，谁有劳资纠纷、房屋租赁纠纷，谁家员工和老板之间闹了别扭，都可以找“平安大姐”聊一聊。如今，来自全国 13 个省市区的 24 位“平安大姐”随时待岗。

“大家多数是做服装的，遇到的一些问题，我们都是过来人，门儿清，调解起来不说外行话，他是有错，你也不全对。一二三，摆出来。再一个，看遇事的是哪里人，我们分片区，云贵川打包，老乡领老乡，说话亲。还有一个，我们都是女同志，义务跟你唠了大半天，是不是别绷得太紧，给个面子，让一步？要不先退半步？”徐维丽快人快语。

以情动人，把心打开，其他的就好说了。

“热心相助，情暖人间。”“一心为民，办事公正。”“为民除忧，爱的奉献。”工作室墙壁上悬挂的这些锦旗，以浓浓的情意回报着她们的辛劳。

而设在织里的异地商会，讲感情，更讲规矩。

湖州市重庆商会就设在织里。会长胡毅说，商会就是当地党委政府和企业之间的桥梁，“是办商会，不是搞帮会，这个很明确”。

织里镇有什么规划，涉及新织里人，事先跟商会沟通，大家坐下来议一议。新织里人有什么诉求，可以通过商会向镇上反映反映。

织里是织里人的家，也是新织里人的家。织里遇到什么问题，是所有织里人共同的事。

前几年，胡毅到国外走一走，看人家的小镇干净、有序，心里羡慕得紧。想想自己生活的织里，是不需要垃圾桶的，因为垃圾围城。周边都是做服装生意的，大包小包侵占人行道是常有的事。行路难，是真难。

当织里镇下定决心进行环境综合整治时，重庆商会出面给会员企业解释，镇上要做什么，要做到什么程度，要达到什么目的，对你我有什么好处。

“你现在看看我们织里的街上！看看！”胡毅的嗓门大了起来。

再说，燃放烟花爆竹这事，曾经在织里是有“讲究”的。年初开业要放，年关闭市要放；生意好了心里高兴要放，生意不好冲冲晦气也要放；自家买了汽车要放，别家买了汽车也要登门沾沾喜气接着放……没有时间限制，没有地点制约，烦不胜烦，防不胜防。

当得知织里要禁止销售燃放烟花爆竹时，胡毅举手赞成。重庆商会派出几个小组，走访会员企业，逐个签订承诺书，要求自觉执行“双禁”规定，并且向家人亲属、亲朋好友、左邻右舍、同事同学等关系人做好宣传教育工作。

如今，织里人依然“讲究”。只不过把燃放烟花爆竹的花费，用在了社会公益上。

在织里，小轿车保有量超过13万辆，早晚高峰会堵车。在织里，大问题、小问题难免叠加，会堵心。但在织里，一座座连心桥正在铺设，给这座小镇以路路畅通的美妙前景。

三

织里如桥，稳稳地朝着梦想的方向

石工张文念念不忘的是西楚霸王，织里人惦记的是无穷的远方。一句“时装看巴黎，童装看织里”，蓄满了织里人心中的热望。

未来，小城镇，要做大事情。织里着力建设童装上市企业总部园，组建中国童装学院，打造童装名品城，推进织里童装产业示范园区三期，创建织里童装物流园区……织里还在谋划响应“一带一路”倡议，以童装集合店的形式走出去，进驻中亚、中东欧市场，再向欧美市场开拓。

一切的一切，就是要把织里这张童装招牌擦拭得更亮。

这个过程，太需要“敢想敢为、创新创强、开放开明”的织里精神作为内在支撑。谋未来，促发展，少不了这么一股精气神。

不过，织里之所以成为织里，在于织里人深得辩证法的精髓。

所谓有张有弛，有攻有守，有开有合。

织里有大视野，也有小温馨。织里有快节奏，也有慢时光。

太湖 400 公里的湖岸线上，每隔一公里就有一条延伸向内陆的河道，当地人称为“溇港”，它们灌溉着整个太湖流域和杭嘉湖平原。两千多年来，纵横交错的溇港一直发挥着防洪泄洪、引水灌溉的功能，享有“湖州都江堰”的美誉。

2016 年，以织里镇义皋村为主要节点的太湖溇港水利灌溉工程，成功入选世界灌溉工程遗产名录。厚重的义皋村，定格了织里的过往。

史料记载：“汉平帝元始二年，吴人皋伯通筑塘，以障太湖。”这就是说，义皋因“溇”成，溇取“皋”名，皋以“义”扬。

义皋村有尚义桥，桥身上刻有楹联句子：“民有淳风庆义里，流分沙漾庆安澜。”

村里盘活了一座废弃的茧站，设立太湖溇港文化展示馆。展示馆的出口，有留言台。其中有人手写的一句“忘了她，就像忘了一朵花”，字体清秀，有韵味。

一路奔跑的织里人，没有忘记要回头。

怀着梦想，踏着古桥，织里人往外走。乡情浓，梦萦绕，游子匆匆归，抬头望，古桥在，眼一热，心一暖，那就是家了。

家里还有“三道茶”。这是织里传统的待客习俗。

头道茶是糯米锅糍，甜乎乎的，意为“甜一甜，甜一年”。第二道是熏豆茶，有烘青豆、嫩茶叶、橘子皮、胡萝卜干、白芝麻等，咸味浓。第三道是白开水泡茶，清淡为上。

甜过了，咸过了，到头来，不过是清茶一盏，平平淡淡。

“风雨飘摇何妨此处暂幽，奔走骇汗且来亭内小憩。”这句楹联，出自织里东金溇塘桥边的桥亭，如母爱般叮咛。

位于元通桥村常田圩自然村的元通塘桥，曾有一个凉亭，石柱上刻着的楹联则是“奔走风尘，得此一足；往来道路，且住为佳”。凉亭已经不复存在，但这个句子，村上人刻印在脑海里。

湖州方言有个“百坦”的说法，织里人使用频繁。“百坦吃”“百坦走”“百坦忙”“百坦等”……这里的“百坦”，意为“慢慢来”。

不过，“百坦”之“慢”，不是行动之慢，更不是不思进取，而是心态从容、行事稳健。

“稳步发展比快速发展还要快。这个道理，要懂。”沈新芳说。

潘阿祥的千金陈丽红，出任浙江振兴阿祥集团有限公司总经理。她的经营理念是细水长流，“为什么一定要强调做大呢”？

步入发展快车道的织里，也被遍布城乡的古桥气质所浸染，在喧腾、跃动的间隙，依然绽放出古桥般稳健的力量。

织里如桥，安稳如山。

而“稳”的最终目标是“好”。

“以前我们关心的就是‘有’的问题。但是到后来，发现解决了‘有’是不够的，还要追求‘好’。”参与、见证了织里改革开放发展进程的濮新泉如是说。

什么是好？濮新泉的理解是专注。今童王公司的目标人群，定位在6岁至16岁的“大童”，一心一意为他们的穿衣需求提供服务。

什么是好？邱金元的理解是环保。珍贝开发羊绒衫无染色系列，不过度添加化学物质，尊重大自然的馈赠，追求羊绒衫也可以贴身穿。

什么是好？潘阿祥的理解是合拍。国家有哪些新的政策措施，市场有哪些新的需求动向，就应该把目光聚焦哪里，跟着政策节奏走，跟着市场风向走。

什么是好？蒂姆的理解是耐心。这位来自美国的新织里人，曾经担任瑞瓦格复合材料（湖州）有限公司总监。他的信念是完成伟大的工作，靠的是耐心而非力量。

什么是好？金曦彤的理解是纯粹。这位曾经就读于漾西小学的织里人，参加了学校的织里刺绣坊。她发现，手工绣品虽然素净，但比机器绣品生动。

“草儿点头，花儿含笑，织一件衣裳给谁好？云儿织进风儿里，风儿织进花儿里，花儿织进雨儿里，雨儿织进梦儿里。啊啰喂，梦在童谣世界里，啊啰喂，梦在如画的家园里。”这是金曦彤熟知的一首少儿歌曲《梦在童谣世界里》，织里的孩子广为传唱。

如画的家园，织里在布局。梦想的世界，织里在编织。美好的风景，一幕又一幕。